AFRIQUE

ENTRE CIEL ET TERRE

NATIONAL GEOGRAPHIC

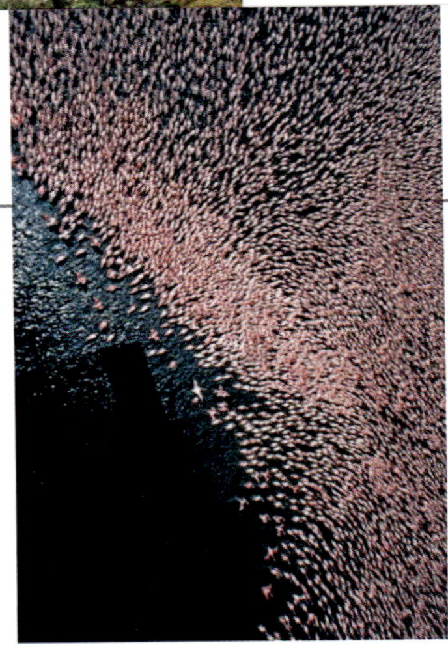

AFRIQUE ENTRE CIEL ET TERRE

Sommaire

6-7
Dunes du Sahara libyque.

8-9
L'océan Indien, Tanzanie.

10
Un Massaï et son troupeau, Kenya.

11
Village tanzanien à plan circulaire.

12
Flamants roses sur les eaux d'un lac kényan.

13
Duel d'éléphants dans le parc national d'Amboseli, Kenya.

14-15
Ouvriers transportant des poteaux sur une plage du Sénégal.

16-17
Les pyramides de Gizeh, Égypte.

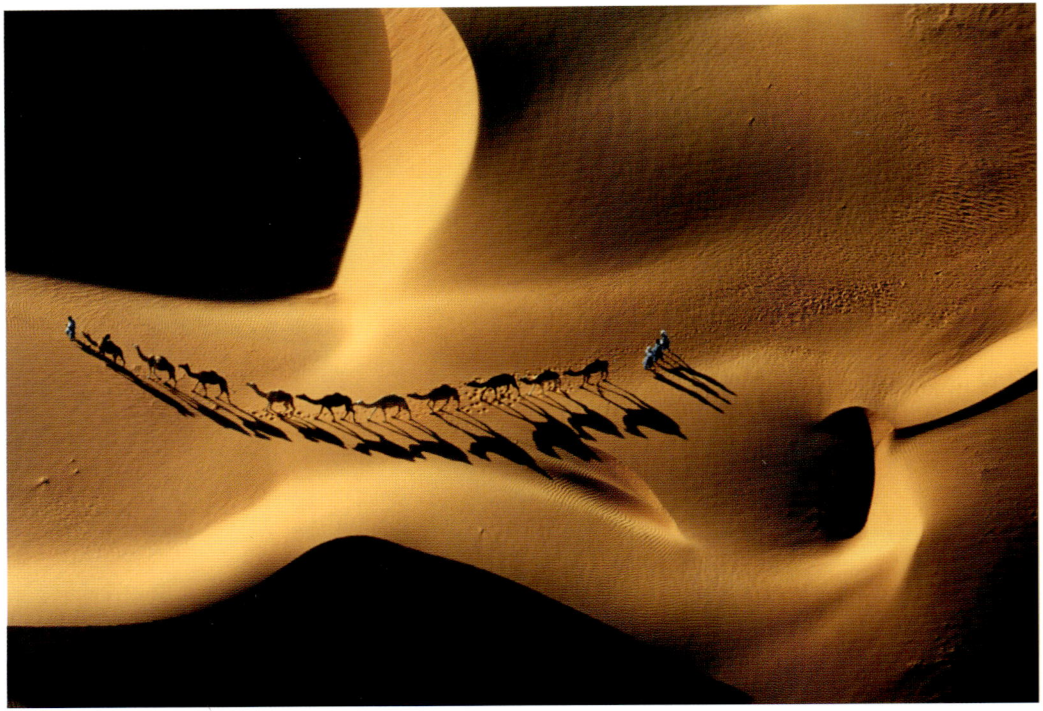

Avant-propos

« Les pierres, voilà la force de l'Afrique ! », dit Courach sans se retourner. Ses paroles me parvinrent nettement, portées par le vent dans l'air dense et chaud qui enveloppe les plaines du nord du Kenya. Au loin, le lac Turkana dessinait une ligne bleu-vert irréelle. Des pierres à l'infini et 50° à l'ombre ; pas un arbre en vue : le berceau de l'humanité n'est pas un pays de cocagne. Néanmoins, Courach, un berger rendille nomade, parvenait à philosopher. Je répondis irrité : « Tu n'as jamais rien vu ! » Aveuglé par la sueur, j'évoquais les grands fleuves africains, les plages ourlées de corail de l'océan Indien, les forêts impénétrables du Congo et du

18
Une caravane traverse le désert près de Nouakchott, en Mauritanie.

Avant-propos

Cameroun, mais les pierres de Courach m'obsédaient, brûlantes, acérées, pulvérisées en sable, cachées dans les touffes d'herbe jaune ou sous une mince couche de terre fertile, se muant en montagnes ou en fonds lacustres. Aujourd'hui, après trois décennies de pérégrinations d'une rive du continent à l'autre, je puis déclarer que Courach disait vrai : l'Afrique n'est qu'un bloc de pierre. Ce qui n'est pas minéral est exception. Les géologues le confirment : le noyau du continent se compose d'une gigantesque plate-forme de roches cristallines très anciennes, un fragment du Gondwana resté quasi intact. Plissé, fissuré, sculpté par le vent et l'eau, il affleure en tout lieu. L'Afrique déroule une succession de plaines immenses et de hauts plateaux d'où émergent, çà et là, des massifs volcaniques, tels le

Avant-propos

Kilimandjaro ou le mont Kenya. Du cap de Bonne-Espérance à la Méditerranée, les paysages se répètent. Déserts, savanes, forêts s'alignent jusqu'à l'équateur. Puis à rebours viennent les forêts, les savanes, les déserts. La fascination qu'exerce ce continent tient justement à cette réitération. Incommensurable, extrême, telle est l'Afrique. Elle est le Sahara, désert entre tous les déserts, le Nil, père de tous les fleuves, et abrite les dernières grandes populations d'animaux sauvages. Avec plus de 6 000 groupes ethniques différents, où chaque tribu possède souvent une langue, des coutumes et une vision du monde divergeant du tout au tout de celles de ses voisines, l'Afrique constitue l'ultime bastion de la diversité. Au Sahara, en Égypte, sur les rives du Nil et du Zambèze ou sur celles des océans qui la baignent,

23
Les chutes Victoria, entre la Zambie et le Zimbabwe.

24-25
Le delta de l'Okavango, Botswana.

DES CIVILISATIONS ILLUSTRES ONT FLEURI. LES PYRAMIDES DE GIZEH ET DE MÉROÉ, LES RUINES DE ZIMBABWE, LES MOSQUÉES EN TERRE CRUE DU MALI, LES CITÉS SWAHILIES DU KENYA ET DE TANZANIE NE SONT QUE QUELQUES PHARES D'UNE CULTURE COMPLEXE ET DIFFUSE. AU-DELÀ DE SA TROMPEUSE SIMPLICITÉ, L'AFRIQUE EST FUYANTE, IMPÉNÉTRABLE. PRÉJUGÉS ET IGNORANCE EMPÊCHENT SOUVENT D'EN SAISIR L'ESSENCE ET LA FORCE – CELLE DES PIERRES PRÉCISÉMENT. COURACH AVAIT RAISON PLUS ENCORE QUE JE NE LE CROYAIS, EN CET APRÈS-MIDI TORRIDE, VOICI TANT D'ANNÉES, PRÈS DU LAC TURKANA, LÀ OÙ NOS AÏEULS SONT DEVENUS DES HOMMES.

26-27
Antilopes fuyant dans le delta de l'Okavango, Botswana.

28-29
Flamants roses en Afrique du Sud.

30-31
Troupeau de buffles au Botswana.

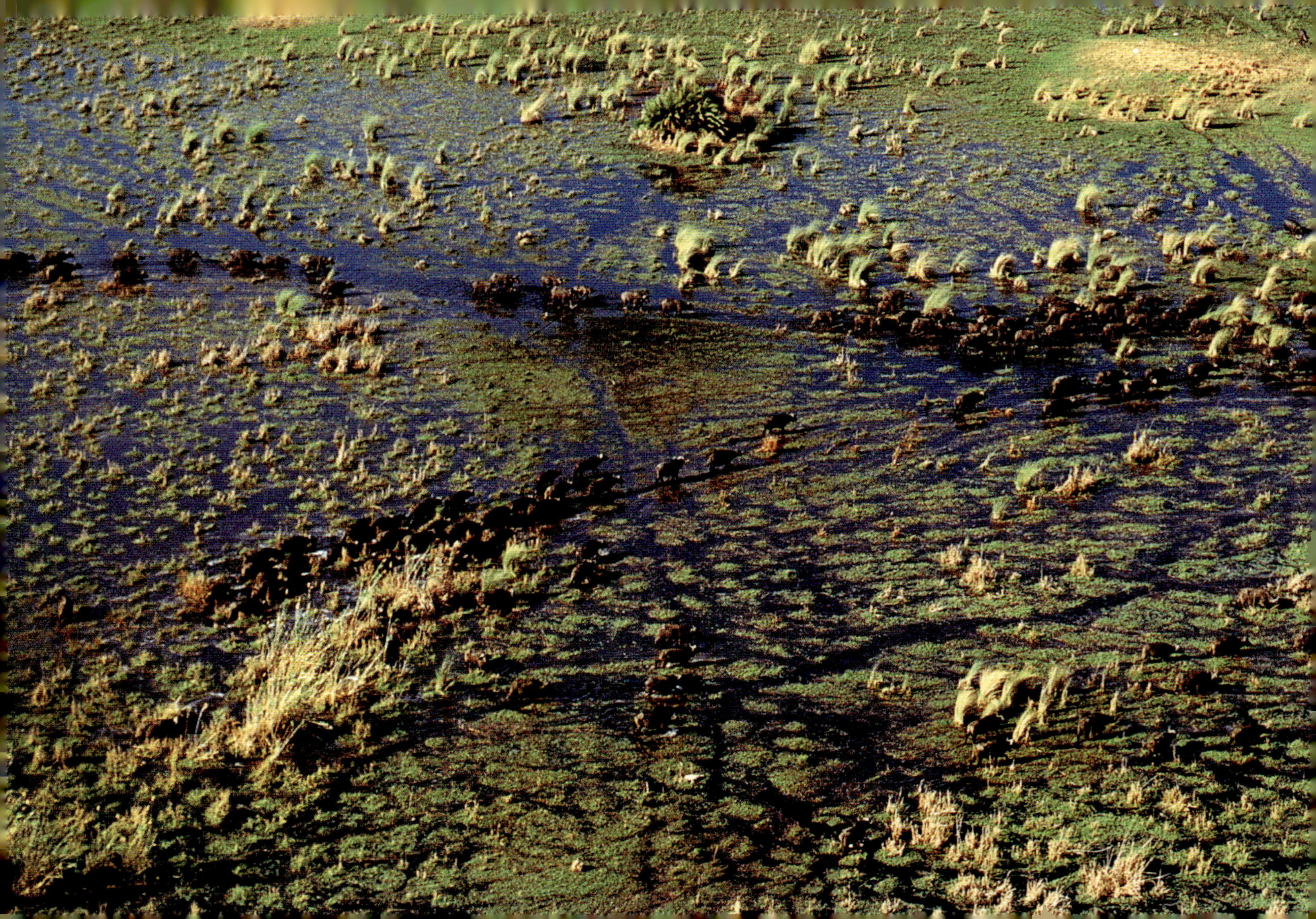

DE ROCHES ET DE SABLE

ENTRE CIEL ET TERRE

33
Le désert du Namib, en Namibie (à gauche)
et celui du Ténéré, au Niger (à droite).

Températures élevées, pluies rares, vents arides et persistants sont les traits caractéristiques des climats tropicaux secs. Ce sont aussi des conditions idéales pour la formation d'un désert, et le continent africain, qui se distribue avec un sens parfait de la symétrie de part et d'autre de l'équateur, subit ces lois implacables de la latitude.
Le Sahara en est une démonstration grandiose. Des côtes de l'Atlantique jusqu'à la mer Rouge, ce désert s'étend sur 5 000 kilomètres de long et 1 700 de large – soit 8 millions de kilomètres carrés, et presque quinze fois la superficie de la France –, en une démesure de terre nue d'une austérité impressionnante, en un néant absolu.
Sur des centaines de kilomètres, pas un arbre, ni un arbuste, ni même un brin d'herbe. La totalité des oasis sahariennes réunies peinerait à couvrir la surface d'une région grande comme l'Auvergne. Pour bien saisir l'essence du désert, il faut pouvoir s'élever dans les airs, car c'est alors qu'il s'offre dans toute sa splendeur. De monotone, le Sahara devient un paysage changeant, où les regs, ces plaines de caillasses sans fin qui en constituent le trait dominant, alternent avec les hamadas, des plateaux pierreux noircis par le soleil qui s'étire à perte de vue. En dépit des idées reçues, le sable ne règne que sur un cinquième du Sahara. Ce manteau mouvant, insaisissable, est tantôt façonné par le vent en de petits plissements qui rappellent les fonds marins, tantôt accumulé en de grandes formations, les ergs et les *ideyin*, ces dunes typiques de l'Algérie et de la Libye.

34
Le sable né de processus d'érosion très anciens a édifié
de hautes dunes à l'ouest de la Tadrart Acacus, en Libye.

De roches et de sable

Le Sahara sait aussi se déployer en verticales : en son centre, les imposants massifs du Tibesti, du Hoggar et du Tassili des Ajjer s'élèvent, pour certains, à plus de 3 000 mètres, vestiges de volcans très anciens sculptés par l'érosion en labyrinthes rocheux hérissés d'aiguilles, de pinacles et de crêtes aux profils étranges. C'est dans cet enfer apparent, cependant, que le Sahara montre sa plus grande bienveillance envers les organismes vivants, car au fond des défilés et sous le lit de cours d'eau apparemment asséchés – les *uidian* – se cache son bien le plus précieux : l'eau. La vie, donc. L'eau accueille grenouilles, poissons et reptiles réchappés de cette guerre incessante contre l'aridité. Près des rares sources et puits, la végétation s'épanouit. Dans la terre humide se lit la trace du chacal, de la gazelle et du fennec, le petit renard des sables aux longues oreilles.
Ces montagnes ont aussi accueilli des hommes. En témoignent des milliers de peintures et de gravures rupestres, qui représentent des scènes de chasse et d'élevage, et les derniers actes d'une catastrophe écologique : l'assèchement progressif d'un Sahara autrefois vert et bien irrigué, qui, il y a 5 000 ans environ, est devenu un désert où les pluies constituent un événement exceptionnel.
Tout aussi aride, mais bien plus ancien, le désert du Namib, en Afrique australe, est une bande de terre désolée qui longe la côte atlantique depuis l'Angola jusqu'au fleuve Orange, à la frontière de l'Afrique du Sud. Bien que de taille modeste, avec environ 2 000 kilomètres de long sur 150 de large, il n'en reste pas moins un modèle du genre.
La particularité de ce désert côtier tient à un phénomène climatique original, lié à la présence du courant de Benguela : les eaux glaciales de ce courant refroidissent inexorablement les vents en provenance de l'océan Atlantique, et créent, sur la bande côtière, une nappe de brume permanente qui empêche la pluie de se former (dans le Namib, les précipitations sont rarissimes : il y tombe moins de 100 millimètres d'eau par an). Mais si le

De roches et de sable

brouillard, qui donne à cette contrée un aspect lugubre et la nimbe d'un halo spectral, entraîne de nombreux naufrages (d'où le nom de côte des Squelettes donné à une partie de la région), il permet aussi à la faune et à la flore de survivre dans un milieu qui serait, sinon, totalement privé d'eau. Afin de se désaltérer dans des conditions aussi drastiques, plantes et animaux ont mis au point des stratégies ingénieuses : certains coléoptères creusent dans le sable des rigoles qui recueillent et canalisent l'humidité ; d'autres s'immobilisent sur la crête d'une dune, la tête en bas, et laissent simplement le brouillard se condenser sur leur corps jusqu'à ce que l'eau coule dans leur appareil buccal ; les serpents et les lézards lèchent la rosée qui se dépose sur leurs écailles.
Plus à l'ouest, les conditions s'améliorent un peu. Dans le Kalahari, qui couvre 500 000 kilomètres carrés entre le Botswana, l'Afrique du Sud et la Namibie, la différence saute aux yeux : s'agit-il d'un désert, si l'on entend par là une région inhabitée, aride et privée de vie ? Le Kalahari est couvert de végétation. De hauts fûts s'élèvent du sol sableux. À la sensation de vide, si nette dans le Sahara et le Namib, se substitue une impression de claustrophobie, car l'horizon est barré par des buissons grisâtres et la visibilité ne dépasse pas quelques dizaines de mètres. Le Kalahari bénéficie d'ailleurs de pluies assez abondantes (de 250 à 500 millimètres par an). De grands troupeaux d'herbivores et tous les prédateurs africains, lions compris, vivent dans cette brousse.
Pourquoi, dans ce cas, le Kalahari est-il considéré comme un désert ? La réponse tient au rapport défavorable entre précipitations et évaporation. À toutes les saisons, sans exception, il se dissipe plus d'eau que la région n'en reçoit par les pluies. Il n'existe pas de réserves d'eau permanentes. Les organismes vivants y souffrent donc de la soif, comme dans un vrai désert. En fin de compte, même lorsqu'elle joue ainsi avec les apparences, l'Afrique reste fidèle à elle-même.

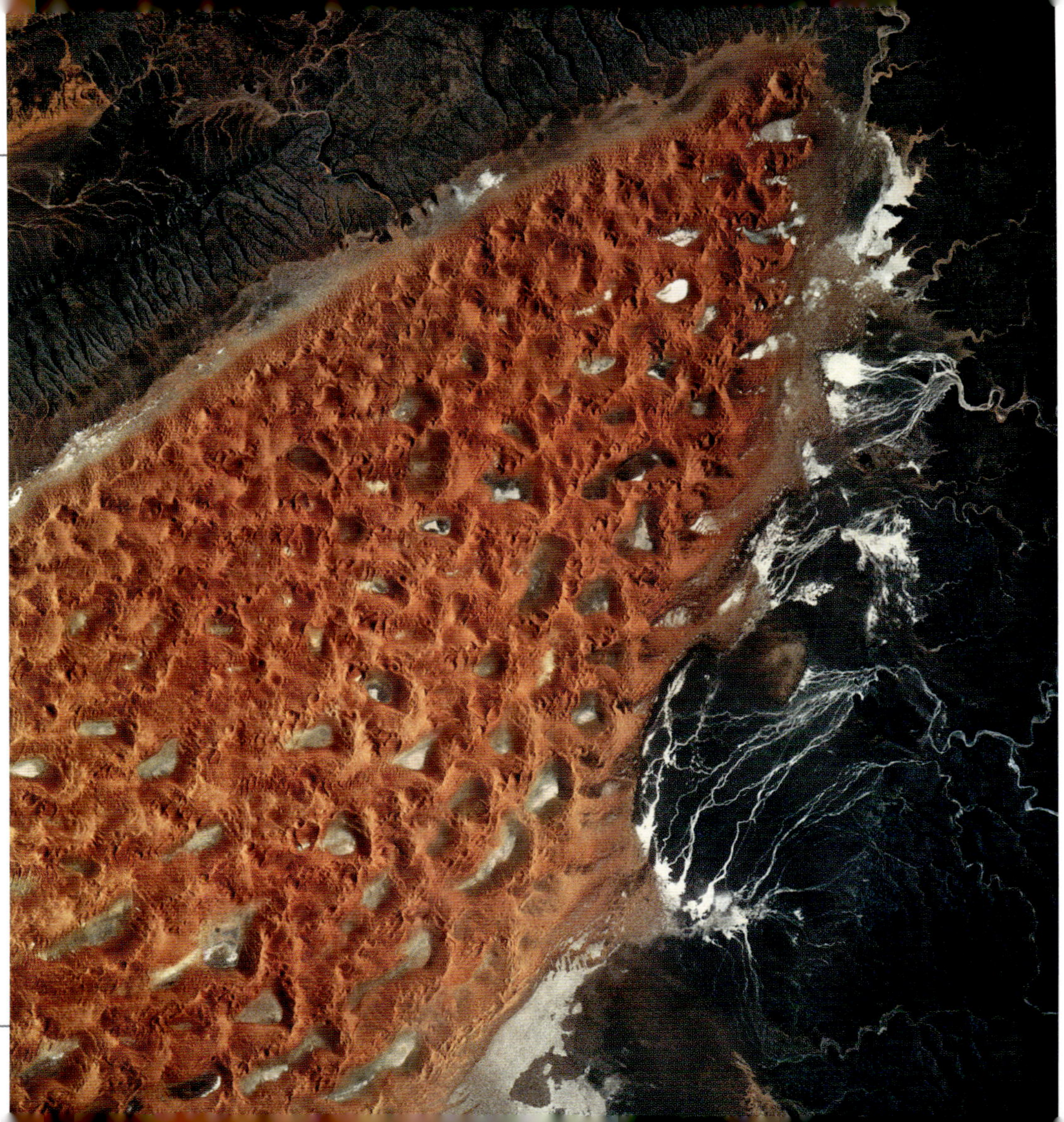

38

La progression des dunes de l'erg Tifernine n'est stoppée que par les versants du Tassili des Ajjer, dans le sud-est de l'Algérie.

39

Un chaos de montagnes érodées, entaillées de vallées poudreuses, s'élève entre les régions tempérées du Maroc et le Sahara.

40
Une grande partie du Sahara libyque est recouverte d'immenses dunes de sable qui se succèdent sur des milliers de kilomètres carrés.

41
Dans l'Acacus, au sud-ouest de la Libye, la roche prend le pas sur le sable.

42 et 43

Au Tchad, dans le massif du Tibesti, le soleil couchant pare de tons rouges et orangés les pinacles de grès. Le sable soufflé par les vents venus de Libye les encercle peu à peu.

44-45
Des affleurements rocheux aux contours singuliers ponctuent la monotonie du Sahara égyptien près de l'oasis de Farafra.

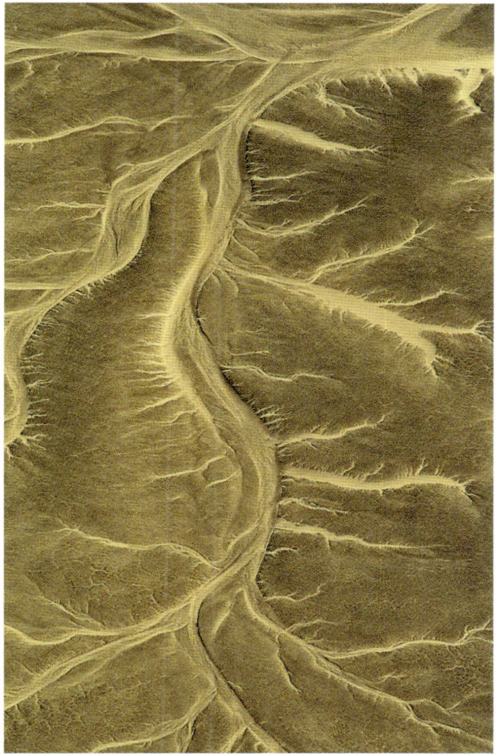

De roches et de sable

46 et 47
Près de l'oasis de Bahariya, en Egypte, l'aspect du Sahara est caractérisé par une absence totale de relief alliée à une désorganisation du système fluvial.

48 et 49
Le désert Blanc couvre une superficie d'environ 6 000 km² dans la partie du Sahara égyptien qui s'étend entre les oasis de Farafra et de Bahariya.

50 et 51

Le soleil rasant découpe des ombres précises sur le sable doré qui entoure les formations gypseuses du désert Blanc près de Farafra, au centre-ouest de l'Égypte.

De roches et de sable

52
La mer de dunes qui s'étend à l'ouest de l'oasis de Bahariya est l'une des parties les moins bien connues du Sahara égyptien.

53
Des collines de grès, vestiges d'un ancien haut plateau, dominent le désert nubien près d'Abou-Simbel, dans l'extrême sud de l'Égypte.

54
L'érosion a profondément marqué la région sahélienne de Kayes, au Mali, l'une des contrées les plus chaudes de l'Afrique occidentale.

55
Les ruines de Tichit, dans l'une des zones les plus arides et désolées de la Mauritanie, sont l'un des mystères de l'archéologie africaine.

56-57
L'absence de pistes et de points de repère, en Mauritanie, rend difficile la traversée des champs de dunes.

58-59
Les lits de fleuves asséchés qui sillonnent le massif de l'Aïr, au Niger, appartiennent à ce qui fut l'un des plus amples systèmes hydrographiques du Sahara.

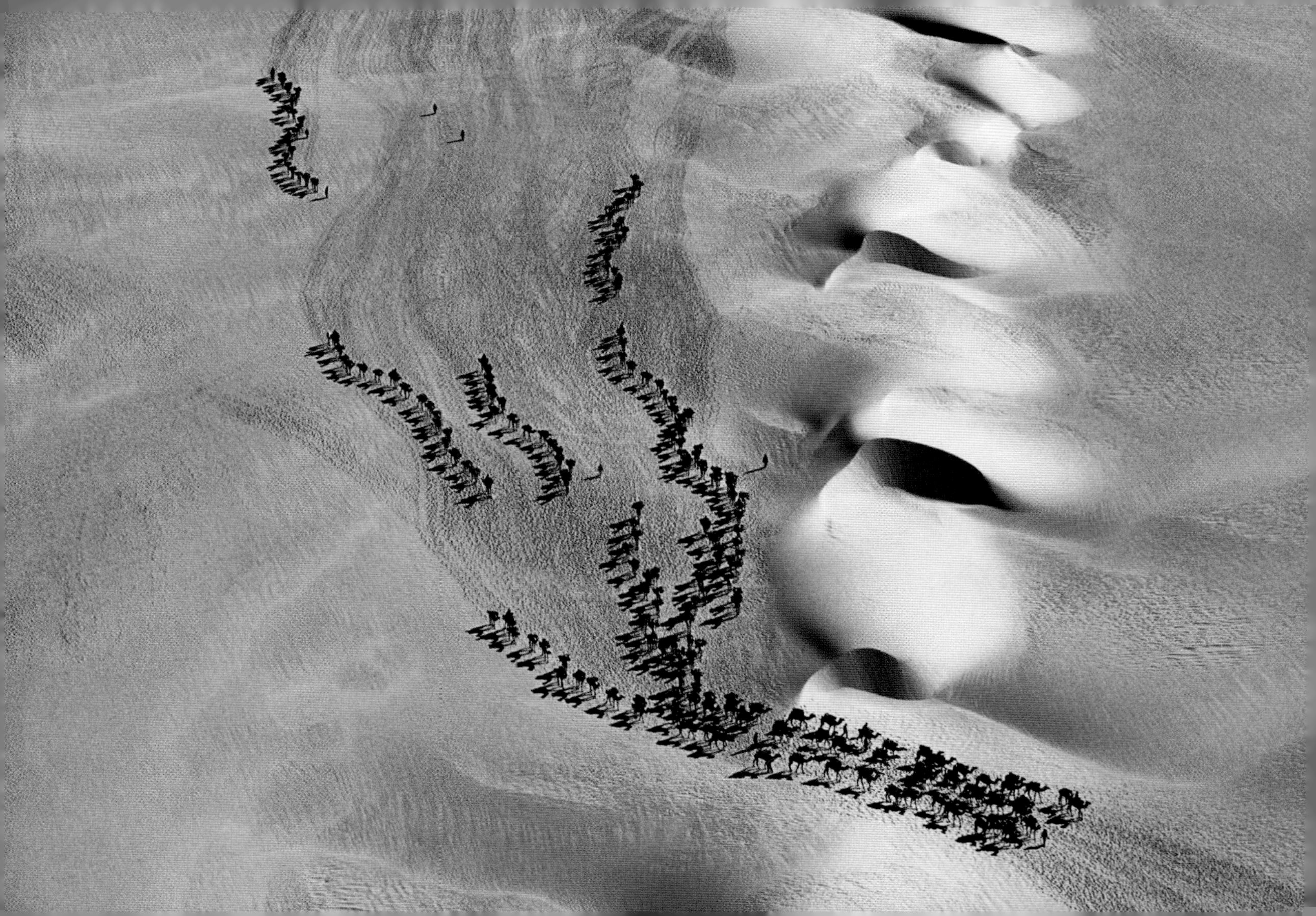

60

Des milliers de dromadaires chargés de sel traversent chaque année le désert du Ténéré, au Niger, pour gagner l'Aïr et Agadez.

61

Les dunes de Temet, sur la frange nord-ouest de l'Aïr, peuvent atteindre 300 m d'altitude et comptent parmi les plus élevées du Sahara.

62
Le désert du Ténéré, au Niger, est bien connu pour ses dunes, mais il est surtout composé d'immenses plaines de sable et de cailloux.

63
À l'ouest des monts de l'Aïr, au Niger, le massif solitaire de l'Adrar Chiriet se dresse au-dessus de l'immensité sableuse du Ténéré.

64-65
Le dromadaire est l'un des rares animaux domestiques parvenant à survivre dans la désolation du désert de Koroli, à l'ouest du lac Turkana, au Kenya.

68 et 69

Avec ses 23 000 km², le parc national du Namib-Naukluft, en Namibie, permet de découvrir sur une grande échelle tous les milieux naturels qui font la richesse du désert du Namib.

70

Dans le secteur sud-ouest du parc national du Namib-Naukluft, en Namibie, les dunes constituent l'élément dominant du paysage.

71

La maigre végétation que l'on peut trouver dans le parc national du Namib-Naukluft se concentre dans les lits de rivières exsangues.

72-73
La forme et l'emplacement des dunes dans le parc national du Namib-Naukluft, en Namibie, sont déterminés par l'action des vents dominants et par la présence ou non d'obstacles naturels.

75

Les autruches, capables d'atteindre la vitesse de pointe de 70 km/h, comptent parmi les habitués des dunes de Sossusvlei, en Namibie.

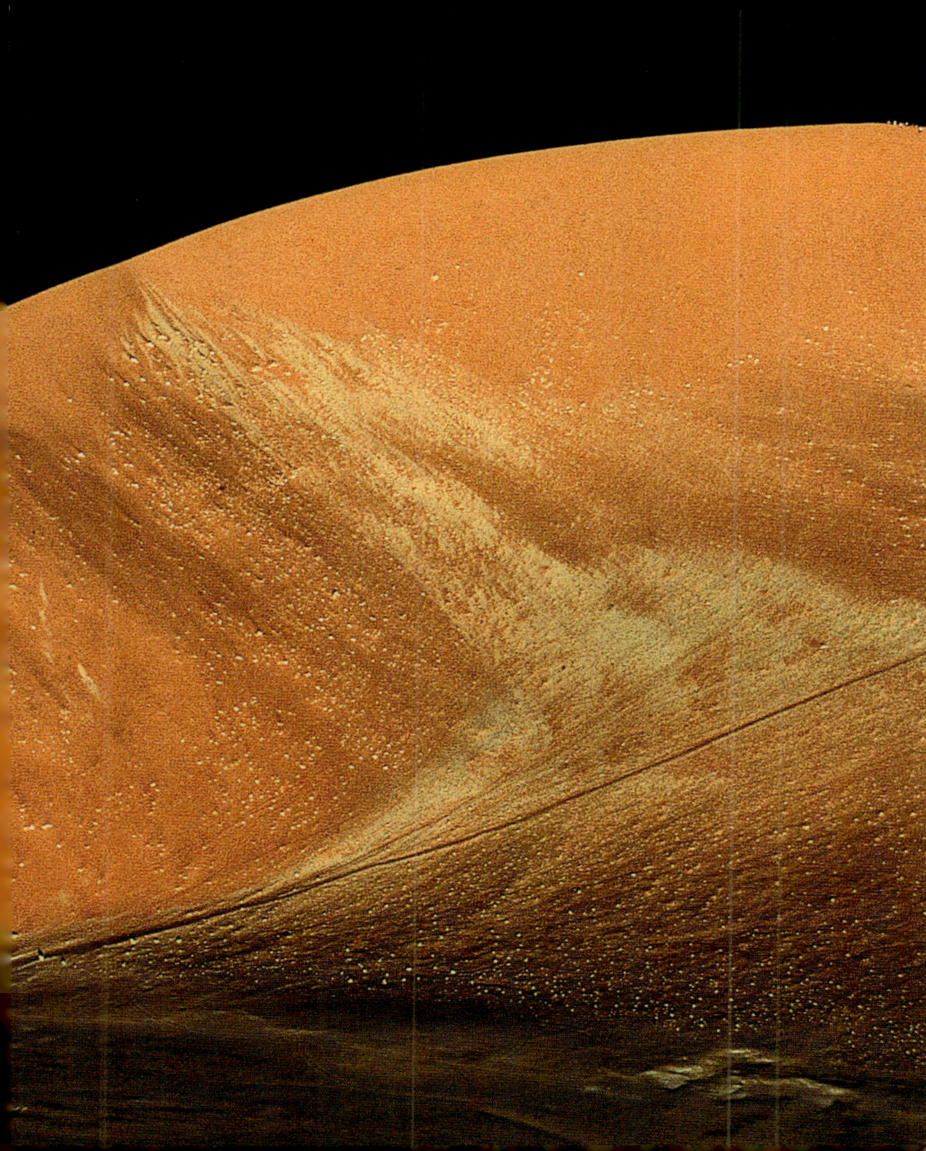

76-77
Les dunes de Sossusvlei sont les plus stables du Namib. Elles doivent leur forme parabolique aux vents de direction constante qui balayent ce désert.

78 et 79

La végétation qui se développe sur les dunes du parc national du Namib-Naukluft, en Namibie, sert à la fois de garde-manger et de refuge aux nombreux insectes et animaux qui les peuplent.

80 et 81
Le coucher du soleil sur les dunes de Sossusvlei, en Namibie, offre des contrastes de lumière et de couleurs d'une beauté inoubliable.

82
L'oryx a réussi à s'adapter aux zones les plus arides du désert du Namib, en Namibie, et vit dans cet habitat particulier de maigres broussailles poussant parmi les dunes.

84 et 85
Les dunes rouges du désert du Namib, en Namibie, encerclent la cuvette de Sossusvlei, qu'alimentent de façon épisodique les eaux d'un oued, le Tsauchab.

SOURCES DE LA VIE

ENTRE CIEL ET TERRE

87
Le fleuve Okavango, Botswana (à gauche)
et la rivière Athi, Kenya (à droite).

Dans la tradition africaine, respect et vénération sont dus aux défunts, dont les traces sont omniprésentes et qui peuvent se réincarner à tout moment. Il en va de même pour les fleuves et les lacs qui, même disparus – tels les oueds sahariens – sont toujours capables de dispenser la vie. Prenons le Bahr el-Ghazal. Cette puissante rivière recevait autrefois les eaux du lac Tchad et coulait vers l'Ennedi, au nord : un caprice de la tectonique ou bien quelques épisodes climatiques favorables suffiraient pour qu'elle se renfloue et ramène les eaux du lac vers l'Ennedi, transformant ce désert en oasis. Mais aujourd'hui le lac Tchad, réduit à sa plus simple expression, est menacé de disparaître car le lit du Logone, son unique tributaire, dévie peu à peu vers la Bénoué, un affluent du Niger.

Dans la partie australe du continent, le lac namibien d'Etosha n'est plus qu'une aveuglante plaine de sel. Au Botswana, le flot de l'Okavango se disperse aux portes de Maun, sans plus d'espoir de rejoindre les marais de Makgadikgadi, tandis que le lac Ngami, au sud-ouest de ce delta, est à sec depuis plusieurs années. Qu'ils soient présents ou passés, les cours d'eau résument l'âme et les mystères de l'Afrique. Sénégal, Ogooué, Omo, Tana, Rufiji, Limpopo, Orange : ces noms évoquent aussi des plaines sans fin, des jungles, des déserts.

Sources de vie, les fleuves peuvent être destructeurs quand leur placidité s'interrompt de rapides et de cascades. En Afrique les cours d'eau n'ont jamais été une voie de pénétration aisée. Parfois, ils sont même des obstacles. L'exploration de la

88
Près de son delta, le Nil est bordé de champs
aux cultures intensives.

Sources de la vie

vallée du Nil bleu, dans les montagnes escarpées d'Éthiopie, n'a ainsi été achevée, en 1968, qu'avec l'aboutissement de l'étude du bassin du Nil, commencée voici vingt siècles. Sur les rives de ce fleuve s'est épanouie l'extraordinaire civilisation égyptienne et ont surgi des monuments qui célèbrent encore la gloire ces pharaons. Cours d'eau de 6 670 kilomètres – le deuxième plus long du monde –, dont les sources ont alimenté l'énigme géographique la plus fameuse de tous les temps, le véritable Nil naît dans les lacs Victoria et Albert, qui sont rattachés entre eux par tout un réseau d'affluents et d'émissaires. Ce système hydrographique complexe incluait autrefois le lac Turkana, aujourd'hui isolé dans l'une des régions les plus inhospitalières de la Rift Valley, au Kenya.

Après une série de violents rapides puis un grand plongeon aux chutes de Kabalega, le Nil pénètre dans les vastes plaines du Soudan. Il se perd peu après dans les immenses marais du Sadd, au milieu d'îles couvertes de papyrus, et laisse la moitié de ses eaux dans cet enchevêtrement végétal. Seuls les apports du Sobat et, surtout, du Nil bleu lui permettent de traverser le Sahara sans se tarir dans ses sables. Le barrage d'Assouan marque un net changement d'ambiance et de paysage. Le Nil coule dès lors dans une large vallée, entre des berges verdoyantes et cultivées, escorté en douceur jusqu'à la mer par les temples de Kom Ombo et d'Edfou, par la vallée des Rois, par Karnak et Thèbes, et par toutes les merveilles de l'Égypte.

En Afrique occidentale, le Nil a pour frère le Niger. Le décor diffère, mais les obstacles sont semblables, puisqu'il doit traverser des zones désertiques, risquant même de se tarir à mi-parcours.

Comme le Nil, le Niger a assisté à l'éclosion de civilisations incomparables. Passé Ségou, il monte vers le Sahara en dessinant une anse, un delta intérieur gigantesque. Dans cette région située aux confins entre mondes nomade et sédentaire ont rayonné les royaumes médiévaux malien et songhaï, surgi des villes mythiques telles que

Sources de la vie

Tombouctou, Gao ou Djenné, capitales du trafic de l'or et des esclaves. Le cours du Niger ne s'est jamais tari, même lors des plus grandes sécheresses, et des millions d'hommes doivent leur vie à ses eaux. Dévalant des pluvieuses montagnes guinéennes pour se jeter, au terme d'une course longue de plus de 4 000 kilomètres, dans le golfe de Guinée, elles s'alanguissent alors en un delta envahi d'une jungle de mangroves inextricable. C'est un autre monde, une antithèse du désert : la forêt humide du Congo.

Énigmatique, primordial et solennel, le Congo, le « fleuve qui engloutit tous les fleuves », parcourt 4 800 kilomètres. Grâce à l'apport de centaines d'affluents et aux eaux du lac Tanganyika, son débit est d'environ 40 000 mètres cubes à la seconde, soit dix fois celui du Nil. De tous les fleuves africains, seul le Congo ne connaît pas de basses eaux, son flux est constant. Dans l'ensemble, il coule tranquillement, dans un vaste lit constellé d'îles brumeuses, entre de compactes murailles de végétation. Puis, sans prévenir, il se précipite en rugissant entre les rocs, soulevant des tourbillons d'écume colossaux. Peu avant son embouchure, il est brisé par les chutes de Livingstone, d'une violence à couper le souffle.

Pourtant, il ne s'agit que d'une tempête dans un verre d'eau, en regard de la puissance déployée par le Zambèze aux chutes Victoria. Les chiffres sont parlants : 1 700 mètres de large, 100 mètres de haut et un gouffre central d'un diamètre de 60 mètres. Le nuage de vapeur qui surplombe l'abîme reste visible à 40 kilomètres de distance.

Les chutes Victoria incarnent le caractère turbulent du Zambèze, que jugulent à grand-peine les imposants barrages de Kariba et Cabora Bassa. Il coule sur 2 770 kilomètres et son bassin, qui inclut l'immense lac Malawi, occupe quelques-unes des régions les plus reculées et les plus sauvages de l'Afrique, territoires des grands animaux sauvages. Là où l'écoulement éternel des eaux donne la dimension du temps.

92
Au Sénégal, une bande d'oiseaux aquatiques survole les eaux placides du fleuve Sénégal, l'un des principaux cours d'eau d'Afrique occidentale.

94
De Mopti à Tombouctou, au Mali, le fleuve Niger se disperse en milliers de bras éparpillés entre des îlots boueux, et son débit se réduit considérablement.

95
À la sortie du défilé de Tosaye, le Niger s'épanche dans une plaine immense en direction de Gao, la dernière grande ville du Mali, qu'il baigne de ses eaux.

96-97
Avant de se fondre dans l'océan Atlantique, le Niger se ramifie en un réseau de bras et de canaux encombrés de bancs de sable et entourés de profondes forêts.

98 et 99
Dans un panorama immuable, le de ta du Niger déploie son éventail sur des centaines de kilomètres vers la côte atlantique du Nigeria.

100
Les méandres du fleuve Kouilou, dans le sud-ouest du Congo, se déroulent au milieu d'étangs, de marais et d'immenses forêts.

101
Nombreux sont les cours d'eau qui, tel le Kouilou, franchissent la dorsale du Mayombé, au Congo.

106 et 107

Le Manzala, vaste lagune aux eaux saumâtres, est le plus grand des lacs qui se sont formés à l'intérieur du delta du Nil.

109

En traversant les montagnes éthiopiennes, le Nil bleu creuse des gorges dont la profondeur atteint par endroits jusqu'à un kilomètre et demi.

110

Juste avant de se déverser dans le lac Turkana, à la frontière sud de l'Éthiopie, l'Omo donne naissance à des marais qui constituent une étape précieuse pour de nombreux oiseaux migrateurs.

111

L'Omo, unique tributaire du lac Turkana, traverse dans sa course vers le sud quelques-unes des régions les plus sauvages d'Éthiopie.

112
Malgré le danger que constitue la présence de crocodiles dans les eaux de l'Omo, les bergers du sud de l'Éthiopie ont coutume de venir faire boire leurs troupeaux sur ses rives.

113
Vu du ciel, le territoire qui longe les rives du cours inférieur de l'Omo semble une étendue sans fin de forêts et de brousse.

114
Témoins de son origine volcanique, trois cratères trouent le paysage lunaire de Central Island, dans le lac Turkana, dont les eaux baignent la partie septentrionale de la Rift Valley, au Kenya.

115
Les eaux poissonneuses du lac Turkana sont peuplées par la colonie de crocodiles la plus dense d'Afrique, avec plus de 30 000 individus.

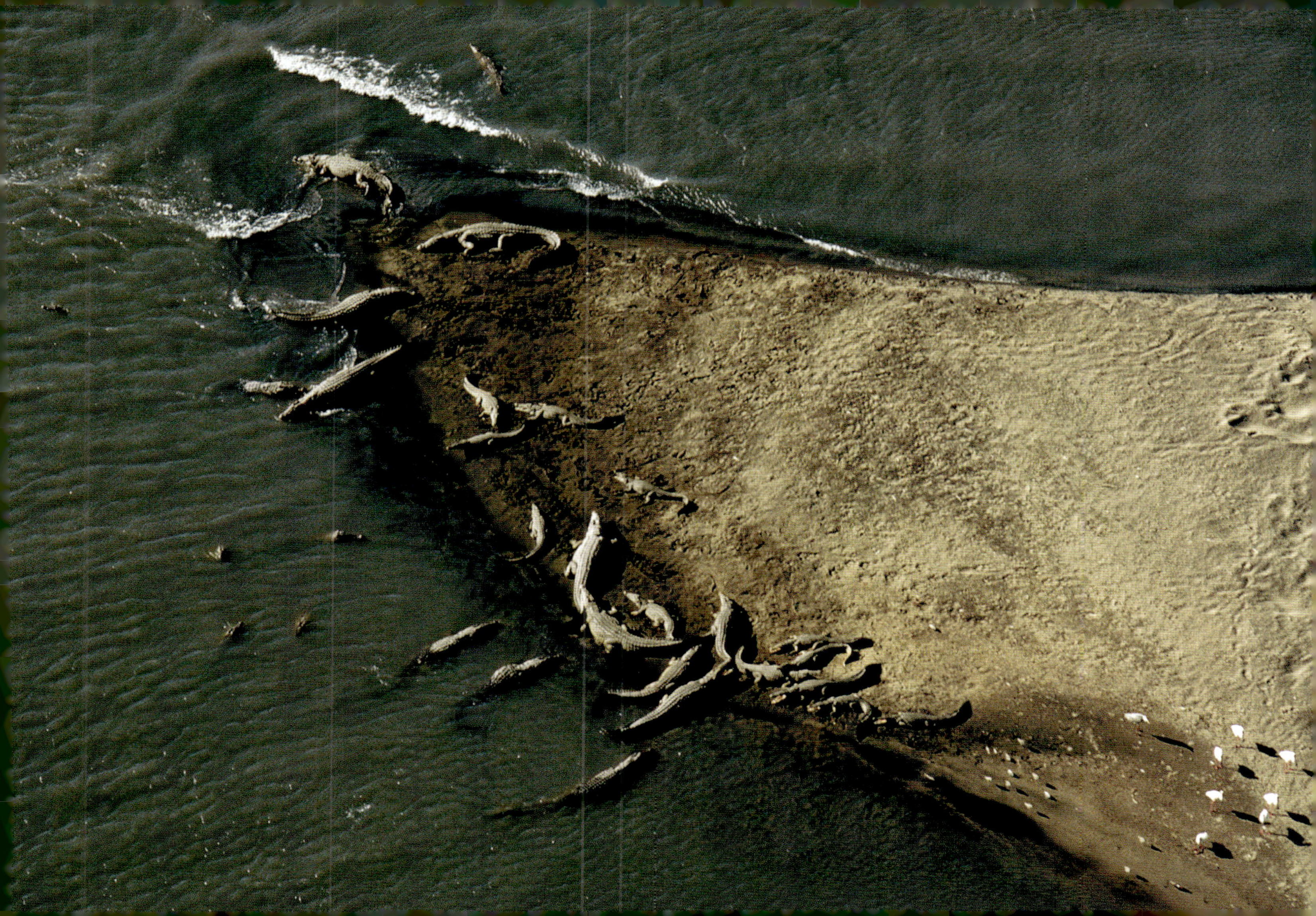

116
Dépourvues de sources d'eau douce et infestées de populations de crocodiles, les îles peu hospitalières qui parsèment le lac Turkana, dans le nord du Kenya, ne sont pas habitées par l'homme.

117
Le cône volcanique parfait du mont Nabuyatom, entouré de champs de cendres et de coulées de lave, s'élève au-dessus des eaux à la couleur intense qui valent au lac Turkana le surnom de « mer de Jade ».

118-119
Les traits les plus spectaculaires du lac kényan de Bogoria, dans la Rift Valley, sont les étincelants affleurements de sel, les geysers et les sources chaudes que l'on peut voir sur ses rivages.

120-121
Une colonie de flamants fleurit de rose les eaux d'un lac kényan.

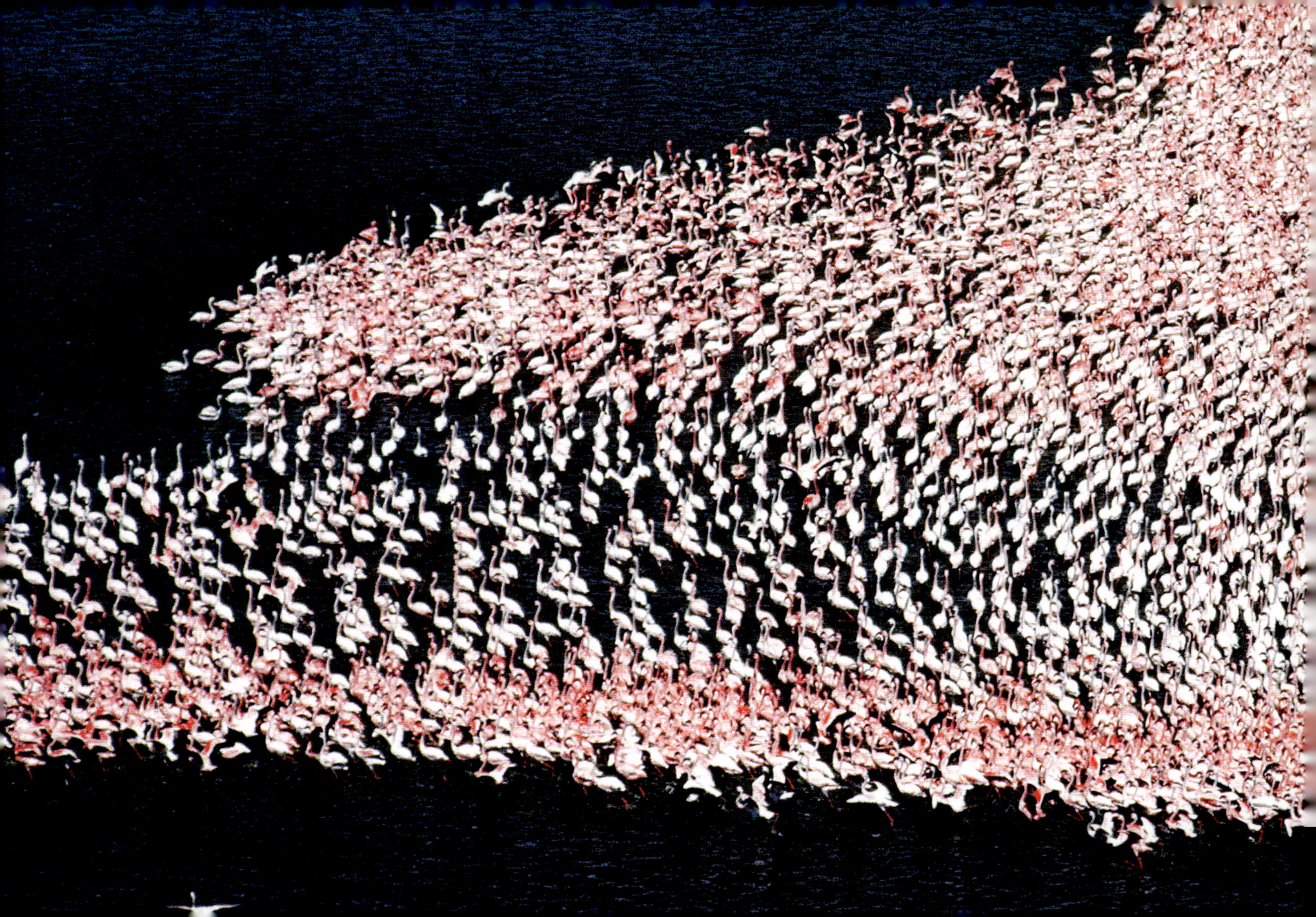

122 et 123
Au nord de Nairobi et à l'est de la Rift Valley, la fertilité du sol et l'abondance des eaux font de la région des monts Aberdare l'une des plus productives du Kenya.

124 et 125
Les eaux limoneuses de l'Athi, grossies par les pluies, se fraient un chemin à travers le plateau de Nairobi pour rejoindre au sud-est l'une des plus sauvages réserves du Kenya, le parc national de Tsavo.

126-127
La rivière Mara serpente dans les collines du sud-est du Kenya et du nord de la Tanzanie avant de se diriger paresseusement vers son estuaire, dans le lac Victoria.

128 et 129

La plupart des lacs volcaniques qui reposent au fond de la Rift Valley, au Kenya, se distinguent par la forte alcalinité de leurs eaux.

130 et 131
Les nombreuses îles qui pointillent les eaux bleu azur du lac Victoria, en Tanzanie, ne sont souvent que de minuscules récifs inhabités.

134 et 135
Les petits organismes qui vivent dans les fonds vaseux du lac Natron, en Tanzanie, sont une nourriture précieuse pour les flamants roses.

136, 137 et 138-139
Le fleuve Rufiji est, de nos jours encore, l'unique voie de pénétration vers l'intérieur des terres tanzaniennes, qui sont quasiment inhabitées et totalement dépourvues de routes.

140-141
En Tanzanie, le Rufiji charrie tous les ans jusqu'aux rives de l'océan Indien des millions de tonnes de sédiments qui y forment un delta de près de 90 km de large.

142 et 143
Une savane aride, qui se mue de temps à autre en véritable désert, ceint le lac Natron et ses tributaires, dans la Rift Valley tanzanienne, à 600 m d'altitude.

144-145
Des rigoles sineuses et des touffes d'herbe viennent rompre la monotonie entêtante de la croûte de sel qui recouvre les rives du lac Natron, en Tanzanie.

146 et 147
Des collines arides et les cônes de volcans encore actifs se mirent dans les eaux fortement salées du lac Natron, en Tanzanie.

149
Le lac Natron, en Tanzanie, est un site privilégié de nidification et de reproduction des flamants roses. Le lac est leur seule zone de nidification régulière en Afrique.

150-151

Les efflorescences de soude qui flottent en surface du lac Natron, en Tanzanie, ont des teintes qui varient selon la nature des micro-organismes en présence.

152
Le lac Magadi, dont la profondeur ne dépasse pas trois mètres, est l'un des sites d'Afrique orientale que les flamants roses apprécient le plus comme lieu de reproduction.

153
Dans une vallée perdue, le lac Magadi est le plus spectaculaire des lacs salés du Kenya.

154 et 155

A la frontière entre la Zambie et le Zimbabwe, le Zambèze précipite ses flots dans les chutes Victoria sous un nuage de vapeur d'eau.

156-157
La nuée de vapeur qui nimbe les chutes Victoria, entre la Zambie et le Zimbabwe, se voit jusqu'à 40 km de distance.

158 et 159

Aux confins de la Namibie et de l'Angola, le fleuve-frontière Cunene, entouré d'un décor de palmiers et d'énormes baobabs, se précipite dans les magnifiques chutes d'Epupa.

160
Dans la réserve du Caprivi Game Park, en Namibie, les marais et les bras morts du Zambèze offrent un refuge prisé par une extraordinaire variété d'espèces animales.

161
À la frontière entre la Namibie et la Zambie, le Zambèze lézarde le long des rives marécageuses envahies par les herbes aquatiques.

162-163
Les plages de sable qui bordent le Zambèze, à la frontière nord-est de la Namibie, procurent aux pêcheurs un endroit facile et sûr pour accoster.

164-165
La pirogue, ou mokoro, est le véhicule idéal pour se frayer un chemin dans les marais denses de l'Okavango, au Botswana.

166-167
Le sol hasardeux et marécageux du delta de l'Okavango n'entrave pas la course des antilopes.

168-169
Au Botswana, dans la cuvette de Makgadikgadi, d'impressionnants troupeaux de zèbres, auxquels se joint parfois un gnou solitaire, se réunissent à la saison des pluies.

174 et 175
Bien camouflés au milieu des hautes herbes palustres, les crocodiles attendent patiemment qu'une proie se présente à leur portée.

176-177
Les éléphants, comme nombre d'autres herbivores, trouvent un habitat idéal et des pâturages abondants au Botswana, dans le delta de l'Okavango.

178 et 179
L'Okavango, au Botswana, se disperse dans les sables du désert du Kalahari en un immense labyrinthe d'îles, de canaux et de lagunes.

180 et 181
Ce bras secondaire du delta intérieur de l'Okavango déroule ses méandres dans les plaines et la brousse du nord du Botswana.

182-183
Le delta intérieur de l'Okavango, au Botswana, forme un monde à part où la limite entre terre et eau devient incertaine.

184
Les équilibres naturels du parc national de Chobe, dans le nord du Botswana, pourraient être modifiés par la prolifération des herbes aquatiques dans la rivière Chobe.

185
Avant de se jeter dans le Zambèze, le Chobe se fraie un passage entre des îlots couverts de papyrus au milieu des plaines inondées du parc national de Chobe.

186, 187 et 188-189

Malgré leur aspect désert et désolé, les marais salants du West Coast National Park, en Afrique du Sud, accueillent les oiseaux migrateurs par dizaines de milliers.

190
Le Mahajilo, dans l'ouest de l'île de Madagascar, traverse des régions privées de toute voie de communication.

191
Avant de se jeter dans la baie de Bombetoka, près de Mahajanga sur la côte ouest de Madagascar, la Betsiboka donne naissance à un delta aux contours incertains.

UN GRAND CŒUR VERT

ENTRE CIEL ET TERRE

193
La forêt de Mayombé, au Congo (à gauche), et
la forêt qui borde le lac Victoria, en Tanzanie (à droite).

Dans l'esprit des Occidentaux urbanisés, la jungle reste un milieu naturel hostile. C'est l'« enfer vert » des récits d'exploration, lieu de perdition et de souffrances sans points de repère ni réconfort. En effet, la forêt pluviale, dense et humide, est peu hospitalière : climat oppressant, insectes en plus grand nombre et plus dangereux qu'ailleurs, humidité insupportable. Faute d'évaporation, la transpiration est abondante et l'on doit y boire davantage que dans le désert. Quand Henry Stanley traversa la forêt de l'Ituri, au Congo, lors de son expédition de 1874-1877, il perdit la moitié des membres de son équipe, ravagée par les privations et les maladies.

La forêt pluviale tropicale est pourtant un habitat fascinant et complexe qui abrite une incroyable variété d'espèces animales et végétales. En coupe verticale on peut observer des strates qui présentent chacune un microclimat particulier : tout en haut (à 60 m) la cime des grands arbres, en dessous la canopée (à 40 m), le sous-étage, enfin le tapis forestier, jonché de feuilles et de branchages morts. La croissance des fleurs et des fruits est favorisée au niveau de la canopée, où le rayonnement solaire est intense. C'est là que vivent la plupart des animaux, qui se sont adaptés au déplacement de branche en branche.

Les conditions changent du tout au tout à mesure que l'on descend au fond de cette serre naturelle : seuls 2 % des rayons solaires en atteignent le sol, où règne en permanence une lumière glauque. La température oscille toute l'année de 22 à 29°, le taux d'humidité bat des records, et les créatures

194
Les chutes de Chamarel, sur l'île Maurice.

Un grand cœur vert

qui vivent là sont presque toutes de très petite taille, comme la *Neotragus pygmaeus*, une sorte d'antilope naine d'à peine quatre kilos.

Les zoologues et les naturalistes voient dans les forêts tropicales humides et sèches une source d'étonnement inépuisable : une nouvelle espèce de singes vient d'être découverte au Gabon ; les gorilles de plaine ont réapparu inopinément dans un Nigeria surpeuplé... L'exploration scientifique des forêts d'Afrique en est à peine à ses débuts, mais il faut faire vite. Chaque jour, des centaines d'hectares sont mis en exploitation pour leurs bois précieux ou remplacés par des cultures. Des écosystèmes entiers sont ainsi détruits.

Les forêts tropicales de l'Afrique occidentale se déployaient autrefois presque sans interruption de la Sierra Leone au Nigeria. Aujourd'hui, elles ne couvrent qu'un peu plus du dixième de leur surface initiale. Or, ces forêts abritent non seulement des léopards, des buffles et des éléphants, mais elles sont également le refuge d'espèces rares et menacées d'extinction comme l'hippopotame nain, le chimpanzé et le colobe rouge. Les parcs nationaux de Taï, en Côte d'Ivoire, et de Cross River, au Nigeria, préservent les derniers pans de cet habitat unique au monde. Au Cameroun, le parc national de Korup s'étire le long de la côte atlantique au sud-ouest du pays ; c'est une bande de jungle impénétrable, qui marque le début du cœur vert de l'Afrique. Le bassin du Congo héberge quant à lui plus de 10 000 espèces végétales, dont un tiers sont endémiques, et 400 espèces de mammifères. Cette profusion n'a pas d'équivalent sur le continent.

Rien n'a beaucoup changé depuis l'époque où des explorateurs comme Stanley s'aventurèrent dans cette région, qui reste l'une des plus inhospitalières sur terre. Sa démesure et le manque de routes praticables sont d'efficaces obstacles à toute exploitation intensive. L'Afrique centrale, inaccessible, inadaptée à l'implantation humaine, a pu conserver ainsi nombre de ses mystères.

Un grand cœur vert

L'histoire de la découverte de l'okapi en est un bon exemple. Vers la fin du XIXe siècle, la nature semblait ne plus devoir réserver de grandes surprises aux scientifiques quand, en 1893, le bruit courut qu'un étrange animal vivait dans les jungles de l'Ituri. Les Pygmées, qui le chassaient depuis la nuit des temps pour sa viande, parlaient d'une créature ressemblant à un zèbre doté d'un très long cou. Cela suffit pour convaincre Harry Johnston, gouverneur de l'Ouganda et voyageur acharné, d'engager des recherches. Sa ténacité fut récompensée quand il parvint, trois ans plus tard, à mettre la main sur un crâne et deux peaux d'okapi. Des analyses en laboratoire révélèrent une espèce totalement inconnue, apparentée à la girafe. Le premier okapi vivant fut capturé en 1909. Il mesurait 1,60 m au garrot et pesait dans les 250 kg. On n'avait jamais vu pareil animal.

La jungle africaine dissimule sans doute encore bien des secrets. Le lémur doré de Madagascar n'a été découvert qu'en 1987. Les habitudes alimentaires de ce primate rare sont très surprenantes : il se nourrit, sans en pâtir le moins du monde, des pousses les plus tendres d'un bambou géant, qui contiennent du cyanure. Cela n'a, en réalité, rien d'étonnant car Madagascar est un monde à part. Un isolement de 150 millions d'années y a permis le développement d'une faune et d'une flore uniques au monde. Trente espèces de lémuriens, 80 % des plantes, la moitié des oiseaux et la presque totalité des reptiles et des amphibiens qui y vivent ne se trouvent que sur cette île gigantesque et dans les Comores voisines.

La forêt malgache couvre toujours un territoire de près de 40 000 km^2, mais la pression démographique et les techniques agricoles traditionnelles, fondées sur la culture sur brûlis, menacent gravement la survie de sa faune et de sa flore. Ce n'est que sur le territoire protégé des parcs nationaux et des réserves naturelles que cette forêt, patrimoine de l'humanité autant que de l'Afrique, conserve encore sa splendeur originelle.

198 et 199
Sous une apparente uniformité, la jungle qui borde le Niger, au Nigeria, cache en réalité une végétation d'une diversité incroyable.

200-201
Avant de rejoindre l'Atlantique, le Niger traverse, dans le sud du Nigeria, l'une des forêts les plus impénétrables d'Afrique.

202-203
Une forêt pluviale très épaisse couvre sans rémission une large

204 et 205

Dans la région de Mayombé, au Congo, la forêt pluviale se montre dans toute sa force, avec des arbres qui atteignent 50 m de hauteur.

206 et 207
Le gouvernement congolais a créé une réserve dans la forêt pluviale de Mayombé pour sauvegarder le patrimoine naturel du pays.

209

L'exubérance des frondaisons des palmiers jaillissant de la forêt qui borde le lit du Kouilou, au Congo, est l'un des traits caractéristiques de ce paysage.

210

Le contraste entre les tons rosés de la roche des gorges de Diosso, au Congo et les nuances de vert de la forêt offre une vision d'une beauté inégalable.

211

Les gorges de Diosso sont tapissées d'une jungle épaisse que transpercent des crêtes et des pinacles rocheux.

212-213
Les forêts vierges qui recouvrent les pentes du volcan Nyiragongo, en République démocratique du Congo, sont un vrai paradis de la biodiversité.

215
Aux premières heures du jour, les monts boisés de Nyungwe, au Rwanda, s'éveillent, enveloppés d'un fantomatique nuage de brume.

216
La forêt pluviale qui s'étend entre le Congo et le Rwanda est l'une des plus vastes et des plus méconnues de la terre. Elle abrite environ 11 000 espèces végétales et plus de 400 types de mammifères.

217
Les forêts denses qui recouvrent les versants des monts Virunga, au Rwanda, sont l'un des ultimes refuges du gorille de montagne.

218 et 219
Le climat malsain qui règne dans la forêt primaire aux abords du lac Victoria, en Tanzanie, a découragé les hommes de s'y implanter, ce qui a permis d'en préserver de vastes pans.

220-221
Près du lac Victoria, en Tanzanie, un envol d'oiseaux aquatiques se détache sur un écrin luxuriant.

222-223
L'immense dépression de la Rift Valley, où repose le lac Victoria, ici vu depuis sa rive tanzanienne, est un écosystème idéal pour la croissance de la forêt pluviale.

224
Les premières lueurs de l'aube dispersent les brumes matinales attardées sur la forêt qui recouvre les collines du parc national de Masai Mara, au Kenya.

226 et 227
La monotonie de la forêt équatoriale qui couvre les monts Aberdare, au Kenya, est parfois rompue par le flot impétueux d'un torrent qui cascade.

228-229
La forêt primaire de Kakamega, près du lac Victoria, au Kenya, est réputée pour la variété des espèces endémiques d'oiseaux et de reptiles qui la peuplent en abondance.

230-231
Dans le parc national Kruger, à la pointe septentrionale de l'Afrique du Sud, un troupeau d'éléphants traverse ici un territoire hérissé de baobabs.

232-233
En de nombreuses régions de la province du Kwazulu-Natal, dans l'Est sud-africain, des plantations d'eucalyptus s'étirent sans fin et supplantent la forêt primaire.

234 et 235
Les forêts de l'île de Madagascar foisonnent en espèces animales et végétales endémiques, qui en font une « terre promise » pour les naturalistes.

236-237
Un épais manteau d'exubérante végétation tropicale recouvre l'île Sainte-Marie, au large de la côte orientale de Madagascar.

238-239
La forêt des mangroves du delta découpé de la Betsiboka, sur la côte occidentale de Madagascar, s'étend à perte de vue.

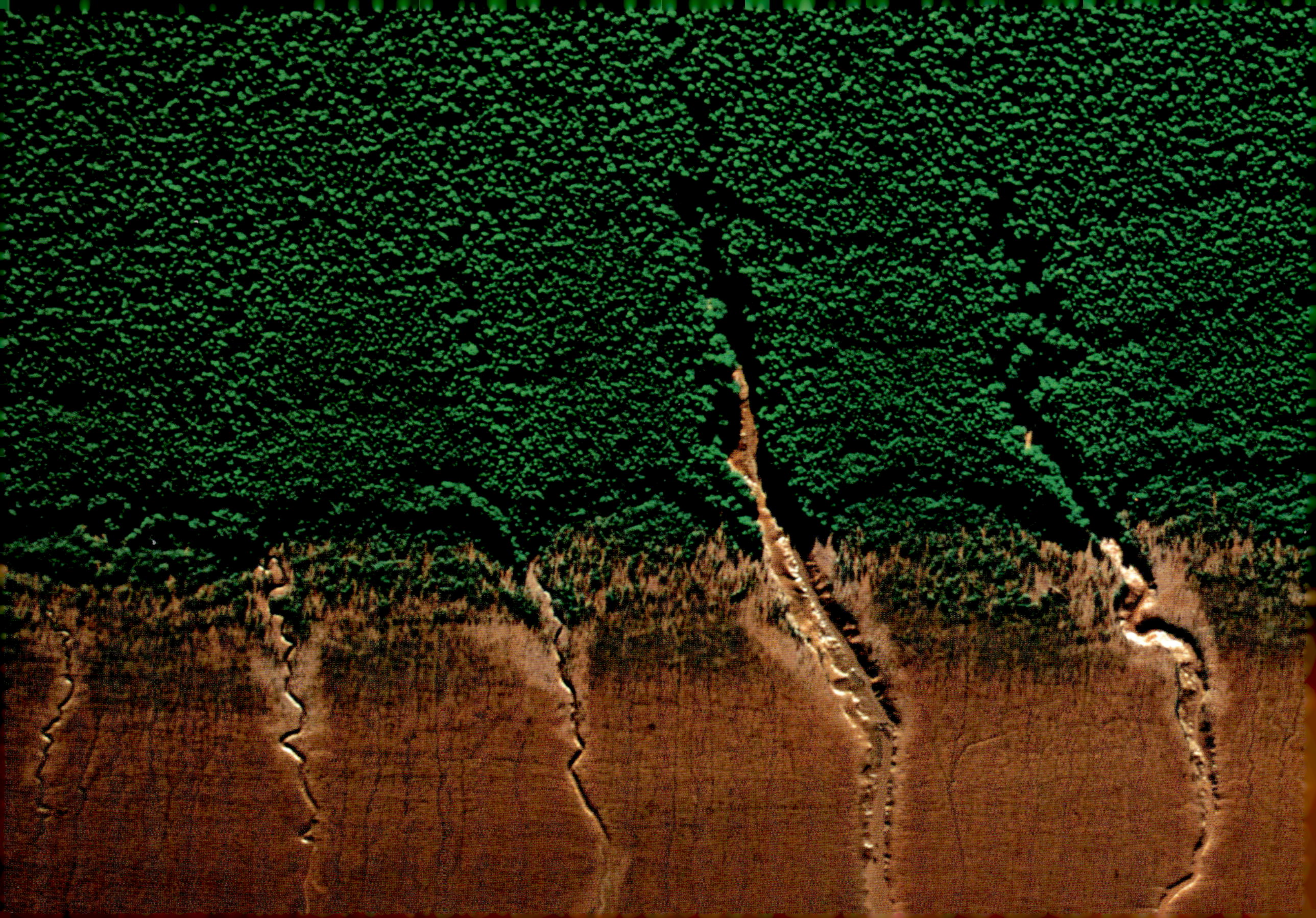

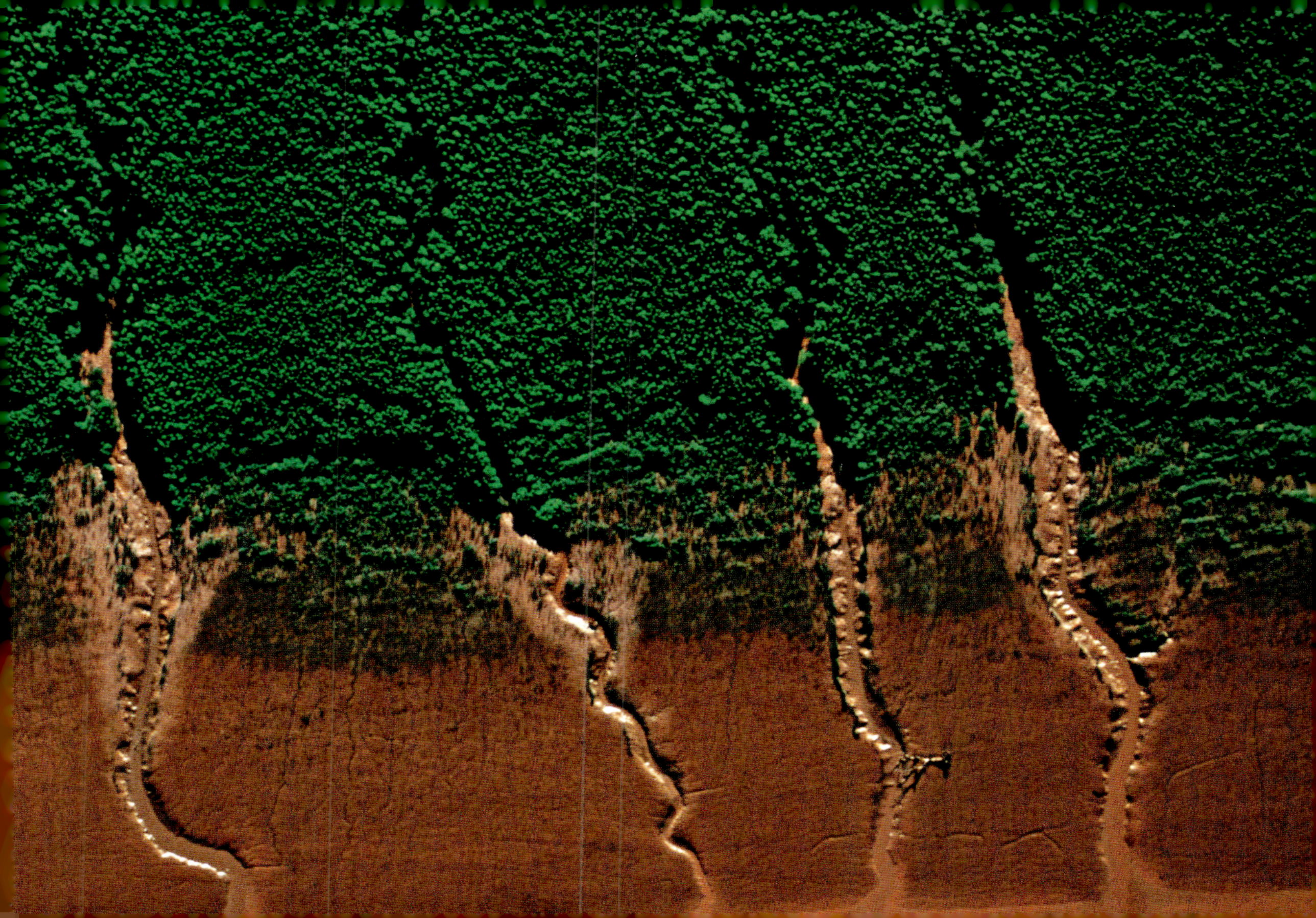

240

ROYALES SAVANES

ENTRE CIEL ET TERRE

Royales savanes

s'organisent en clans fermés et rivaux. À Etosha, le plus grand parc national de Namibie, l'espace ne manque pas, en revanche. En langue ovambo, *etosha* signifie « lieu où l'eau est sèche », et c'est exactement ce que l'on peut voir du ciel : une étendue grise, chauve, qui évoque des fonds océaniques asséchés. De fait, les géologues nous apprennent qu'il s'agit d'un ancien lac, alimenté autrefois par les eaux du Cunene. Il ne subsiste de ce lac immense qu'une aveuglante conque saline. Avec ses 22 000 km², cette réserve comprend une mosaïque d'écosystèmes qui vont de la plaine dégagée à la forêt d'arbres à feuillage caduc. Malgré la rareté chronique des pluies qui alimentent le réseau de points d'eau permanents, Etosha accueille l'une des populations animales les plus riches d'Afrique. Les éléphants sont partout, les antilopes se comptent par dizaines de milliers et il est rare de contempler l'horizon sans apercevoir la silhouette d'une girafe. Malheureusement, une enceinte clôt le parc, avec pour effet d'interrompre les couloirs de migration et d'altérer l'équilibre naturel entre les espèces.

À Etosha, le nombre des prédateurs est contrôlé et les éléphants sont soumis à des programmes cycliques d'abattage sélectif, car sans une gestion rigoureuse, la réserve pourrait se transformer rapidement en désert. C'est un laboratoire géant, où sont expérimentées de nouvelles solutions de conciliation du progrès et de la conservation. Des résultats de cette expérience dépend l'avenir de la grande faune sauvage d'Afrique.

247
Le galop de ce gros troupeau de buffles soulève un nuage de poussière dans la savane du parc national d'Amboseli, au Kenya.

248-249
La silhouette en forme de parasol des grands acacias est typique des paysages de la Rift Valley, près de Maralal, au Kenya.

250
Un groupe d'imposants éléphants traverse une zone marécageuse dans le delta de l'Okavango, au Botswana.

251
Les plantes aquatiques des marais du parc national d'Amboseli, au Kenya, sont une source précieuse de nourriture pour les éléphants.

252

Lors de leur migration vers les pâturages du parc national de Masai Mara, au Kenya, les gnous doivent franchir l'obstacle de la rivière Mara.

253

La présence de points d'eau en abondance est indispensable à la survie des zèbres qui peuplent le parc national d'Amboseli, au Kenya.

254

Les éléphants qui vivent dans le parc national d'Amboseli, au Kenya, atteignent et dépassent couramment les cinq tonnes.

256
À la fin de la saison sèche, les gnous se rassemblent par centaines de milliers dans les herbages du parc national de Masai Mara, au Kenya.

258 et 259

Aux premières pluies, les gnous quittent en masse les savanes du parc national de Masai Mara, au Kenya, formant des colonnes qui peuvent s'étendre sur une quarantaine de kilomètres de long.

261

Un troupeau de gnous, qu'accompagnent quelques zèbres, quitte le parc national de Masai Mara, au Kenya, pour se diriger vers celui du Serengeti, plus au sud.

262
Les célèbres gorges d'Olduvai, près du cratère du Ngorongoro, sont l'un des sites archéologiques les plus connus de Tanzanie.

263
Les cônes volcaniques qui se hérissent dans la Rift Valley, au Kenya, dessinent un paysage semblant remonter aux origines du monde.

Royales savanes

264 et 265
Une forêt-galerie accompagne le cours de la rivière Mbalageti à travers le parc national du Serengeti, en Tanzanie.

266
Les arbres à feuilles caduques, qui poussent au bord de la Mara près de la frontière nord de la Tanzanie, animent une savane qui s'allonge à perte de vue.

267
Les différents écosystèmes du parc national du Serengeti, dans le nord de la Tanzanie, abritent une trentaine d'espèces de grands herbivores et environ 500 espèces d'oiseaux.

268

L'écosystème du parc national du Serengeti, en Tanzanie, se compose de savanes, de brousses, de forêts fluviales et de marais.

269

L'ombre d'un acacia offre à une girafe un peu de protection contre le soleil torride qui écrase le parc national du Serengeti.

270 et 271

Au plus fort de la saison sèche, les points d'eau et les marais du parc national du Serengeti, en Tanzanie, se retrouvent pour la plupart réduits à d'insignifiantes flaques boueuses.

272-273
Les eaux basses et paresseuses des cours d'eau du parc national du Serengeti, en Tanzanie, offrent aux groupes d'hippopotames un habitat idéal.

274
Le cycle de l'alternance entre saison sèche et humide modèle les paysages du parc national du Serengeti, en Tanzanie.

275
Les cours d'eau permanents du parc national du Serengeti achèvent tous leur parcours dans le lac Victoria.

276 et 277
De petits lacs emplissent sporadiquement les cratères qui parsèment les hauts plateaux de la réserve de Ngorongoro, en Tanzanie.

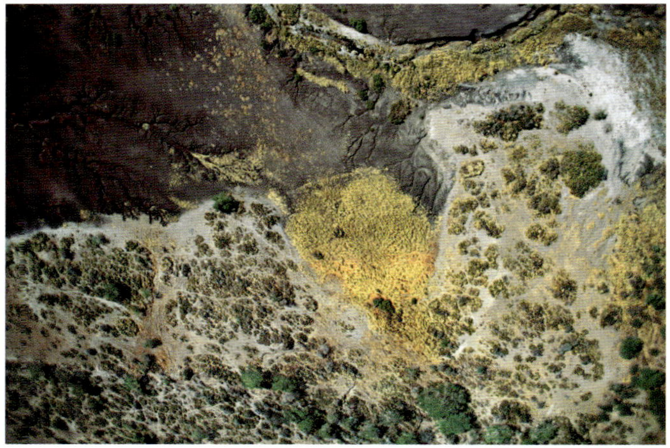

278

Le Serengeti, ou « vaste contrée » en langue massaï, tire son nom des larges espaces qu'il déploie dans le nord de la Tanzanie.

279

Les éléphants sont attirés par les buissons d'épineux et les zones marécageuses du nord du parc national du Serengeti.

280

Les marais de Gorigor, au pied du versant sud du Ngorongoro, en Tanzanie, sont alimentés par des sources naturelles.

281

Les eaux du lac Makat, grossies par de récentes pluies, tranchent sur les étendues d'herbe jaunie du cratère du Ngorongoro.

282 et 283
Peuplés de myriades d'oiseaux, les marais du cratère du Ngorongoro, en Tanzanie, sont égayés par de grands vols de flamants roses.

284 et 285
Les éléphants du parc national de Chobe, au Botswana, aiment fréquenter les vastes marais qui frangent la rivière du même nom.

286 et 287
La partie nord du parc national de Chobe, au Botswana, se caractérise par la présence de lagunes et de vastes zones arborées.

288-289
Dans un tourbillon de poussière, un troupeau de buffles traverse au galop les vastes étendues du parc national de Chobe, au Botswana.

290-291
Un grand troupeau de zèbres est lancé à vive allure dans une clairière du delta de l'Okavango, au Botswana.

293
Nullement intimidé par le vacarme de l'avion qui le survole, ce lion du parc national de Chobe, au Botswana, semble jeter un regard désabusé sur l'intrus venu du ciel.

294 et 295
À la saison des pluies, de grands rassemblements de flamants roses fréquentent les cours d'eau qui alimentent le lac d'Etosha, en Namibie.

296-297
Quand on le voit du ciel, le parc national d'Etosha, en Namibie, a l'aspect d'une étendue infiniment plate de couleur gris cendre.

298-299
Peu profondes, les poches d'eau salée qui constellent le lit du lac d'Etosha disparaîtront à l'arrivée de la saison sèche.

300
La peau des éléphants du parc national d'Etosha, en Namibie, revêt un aspect grisâtre particulier dû à un dépôt de cristaux de sel provenant de l'eau.

302 et 303

Au fil des saisons, l'aspect que présente le parc national d'Etosha, en Namibie, peut varier considérablement.

304 et 305

Les herbes qui poussent sur les rives du lac asséché d'Etosha, en Namibie, fournissent aux antilopes une nourriture riche en protéines et en sels minéraux.

306-307

Dans les zones les plus arides du parc national d'Etosha domine une végétation d'herbes salines et de buissons épineux.

DANS LE SECRET DES MONTAGNES

ENTRE CIEL ET TERRE

309
Les reliefs du Moyen Atlas marocain (à gauche)
et le Blyde River Canyon, Afrique du Sud (à droite).

Lorsque Johannes Rebmann refit surface en 1848 en Europe, après une immersion de deux ans au cœur du continent noir, ce missionnaire allemand raconta avoir vu se dresser devant lui une gigantesque montagne couronnée de neige. Personne ne le voulut le croire. Pour les géographes de l'époque, la présence de glace en pleine Afrique équatoriale était inconcevable. Rebmann n'était pourtant ni fou, ni le jouet d'une illusion. Il avait vu le Kilimandjaro, le massif le plus élevé d'Afrique, qui atteint 5 895 mètres et semble suspendu au-dessus des plaines qui l'entourent.
Les Chagas, qui vivent sur ses flancs, en Tanzanie, ne lui ont pas donné de nom puisqu'il est pour eux tout simplement la maison de Dieu. Désormais site touristique, le Kilimandjaro est envahi par les curieux, les sportifs et les alpinistes de tout âge, mais les porteurs indigènes continuent de craindre ses colères. Même si Dieu sommeille, il peut se réveiller d'un instant à l'autre, comme le prouvent les fumerolles et les grondements inquiétants qui s'échappent parfois du cœur de la montagne. Le « Kili » n'est pas éteint, seulement inactif. Les effets dévastateurs des éruptions passées sont visibles sur plus de 1 000 kilomètres carrés alentour, et les glaciers qui habillent le cratère parfait du Kibo, les pics tourmentés du Mawenzi et le désert de lave qui s'étend entre ces deux cimes y composent un paysage surnaturel.
Les écosystèmes s'enchaînent à un rythme effréné. En marchant à bonne allure, on peut, en seulement trois jours, passer d'une savane aride à une forêt,

310
Le sommet enneigé du Kilimandjaro, en Tanzanie,
peut se voir à plus de 150 km de distance.

Dans le secret des montagnes

de la brousse à un environnement arctique. Là ne s'arrêtent pas les surprises. En 1926, les restes d'un léopard furent découverts au bord du cratère principal, gisant ainsi à plus de 5 000 mètres d'altitude. Par quel caprice cet animal s'était-il trouvé en ce lieu où la mort par hypothermie est certaine ? Le mont Kilimandjaro reste nimbé de mystère, comme il sied au Toit de l'Afrique.

Le mont Kenya, un peu moins élevé (5 249 mètres), a reçu en langue kikuyu le nom évocateur de *Kere Nyaga,* « montagne blanche ». Ses trois éperons vertigineux, entrecoupés de petits glaciers qui semblent tout droit sortis des Alpes suisses, lui donnent un aspect familier aux yeux des voyageurs européens. En revanche, les jungles inextricables qui l'entourent et couvrent le massif voisin des Aberdare sont indiscutablement africaines.

Le mont Kenya est d'origine volcanique, comme le sont le Kilimandjaro, le mont Elgon (aux confins du Kenya et de l'Ouganda), et une grande partie des sommets qui dominent la région des lacs. C'est aussi le cas de la chaîne des Virunga, qui s'étend de l'est de la République démocratique du Congo, à l'ouest de l'Ouganda et du Rwanda et où se sont réfugiés les derniers gorilles de montagne. Les volcans Sabinyo, Mikeno, Karisimbi, Nyamuragira, Nyiragongo, Muhavura y atteignent des altitudes qui vont de 3 000 à 4 500 mètres.

Sauvages et isolés, ces volcans sont encore très actifs. Dans la partie ouest du massif, le Nyamuragira et le Nyiragongo ont récemment connu une éruption spectaculaire et dévastatrice pour les populations qui vivent à leur pied. Ce n'est pas sans raison que cette contrée porte le nom de *virunga,* qui signifie « pays du feu ».

Si les monts Virunga sont de feu, le Ruwenzori, plus au nord, n'est que de l'eau : une véritable usine à provoquer la pluie. Ce massif colossal s'étend sur plus de 100 kilomètres de long et 50 de large. Il culmine à 5 119 mètres au pic Margherita, et forme une frontière naturelle entre l'Ouganda et la République démocratique du Congo.

Dans le secret des montagnes

Des eaux du Ruwenzori naissent des rivières, affluents du Nil qui tire d'elles sa puissance. Les cimes glacées de ce massif, qui portent aujourd'hui des noms de reines et d'explorateurs, ne sont autres que les mythiques « montagnes de la Lune » imaginées par Hérodote et découvertes par Henry Stanley 1 700 ans plus tard. Une définition qui convient bien à ce royaume de l'altitude où la nature déploie une splendeur inimaginable. Avec 400 millimètres de précipitations par mois, c'est l'un des endroits les plus humides du continent. La végétation y semble atteinte de gigantisme : fougères arborescentes grimpant à une hauteur de 10 mètres, séneçon et lobélies dessinant des forêts fantastiques, mousses recouvrant tout d'un manteau où l'on s'enfonce jusqu'à la poitrine... jusqu'aux vers qui évoluent dans le sous-bois et peuvent mesurer 60 centimètres de long. Les merveilles des montagnes africaines sont inépuisables. Combien de secrets abrite encore la jungle du mont Cameroun, sentinelle solitaire qui veille, du haut de ses 4 100 mètres, sur le golfe de Guinée ? Que cachent les gorges creusées par les cours d'eau éthiopiens dans les hauts plateaux et les ambas, ces plates-formes isolées aux à-pics vertigineux ? Ces reliefs rappellent les massifs du Sahara : Ennedi, Tibesti, Tassili des Ajjer, Hoggar. Nés de bouleversements géologiques considérables, ils jaillissent telles des cathédrales dans un océan de sable. Au nord-ouest, l'Atlas marocain culmine avec les 4 165 mètres du djebel Toubkal, séparant le désert des côtes de la Méditerranée et de l'Atlantique. D'autres chaînes s'élèvent à la pointe sud du continent, hérissées de toutes les formes imaginables, telles les dents du Drakensberg, ou « montagne du Dragon », rempart ultime de la barrière rocheuse qui s'étend du sud du Lesotho au cap de Bonne-Espérance. Comme toutes les montagnes africaines, petites ou grandes, elles étaient pour les Bochimans des lieux sacrés, des parcelles de terre s'élevant jusqu'aux portes du ciel, le royaume des esprits.

315

Entre les cultures de ce village et la cime enneigée du djebel Toubkal, sommet le plus élevé du Maroc, s'étendent les interminables reliefs pierreux de l'Atlas.

316-317

Tout au long de l'hiver, une abondante couche de neige recouvre le djebel Toubkal et les principaux sommets de la chaîne du Haut Atlas, au Maroc.

318
Dans l'océan Atlantique, face au Sud marocain, les îles Canaries étagent sur leurs versants escarpés de fertiles cultures en terrasses.

319
Poussées par le vent, des nappes de nuages emmitouflent les reliefs des puissantes dorsales du Haut Atlas, au Maroc.

320-321
La falaise de Bandiagara, au cœur du Mali, est un mur de grès long de 135 km qui suit un axe nord-sud, de Douentza aux abords de Bankas.

322

Dans le nord de l'Éthiopie, les forêts qui tapissent les pentes escarpées du Siemen abritent des animaux rares tel le loup d'Abyssinie, menacé d'extinction.

323

Le point culminant de l'Éthiopie est le Ras Dachan (4 620 m), dans le Siemen, un massif de roche volcanique entaillé de très profondes vallées.

324 et 325
Les cratères des anciens volcans sont d'impressionnants témoins de l'activité éruptive qui a façonné l'Éthiopie.

326
Une vaste zone désertique sépare les volcans Kibo et Mawenzi, les deux plus hautes cimes du Kilimandjaro, dans le nord de la Tanzanie.

327
Le massif volcanique du Kilimandjaro s'élève au-dessus de la nappe nuageuse qui recouvre à perte de vue les plaines environnantes.

328 et 329
Une épaisse couche de glace ourle au nord le bord du cratère interne du Kilimandjaro, en Tanzanie, dont le diamètre dépasse les 800 m.

330-331
Dans le massif du Kilimandjaro, en Tanzanie, les glaciers qui encerclent le cratère du Kibo et couvrent les plus hautes cimes reculent à un rythme inquiétant.

332-333
Selon les légendes locales, c'est au Kenya que, de l'inaccessible cime du mont Kenya, Dieu aurait contemplé pour la première fois la Création à peine achevée.

334
Un lacis d'anciennes coulées de lave ride les pentes du Longonot, un jeune volcan de la Rift Valley proche du lac Naivasha, au Kenya.

335
Les forêts tapissant le fond du cratère du Longonot sont peuplées de troupeaux de buffles et de nombreux autres animaux sauvages.

336 et 337

Un empilement blanc d'épaisses croûtes de lave saturées de soude obture le cratère de l'Ol-Doinyo Lengaï, un volcan actif situé dans le nord de la Tanzanie, à quelques kilomètres de la frontière du Kenya.

338 et 339
Dans l'est de la République démocratique du Congo, le Nyiragongo (3 470 m) est l'un des deux volcans très actifs des monts Virunga. Ses éruptions dévastent régulièrement des contrées entières.

340 et 341

Les forêts pluviales qui recouvrent les pentes du cône du Nyiragongo, dans l'est de la République démocratique du Congo, sont l'un des derniers refuges d'une espèce menacée, le gorille de montagne.

342
Derrière le cratère du Visoke, que remplit un lac, se profile le Mikeno, à demi caché par les nuages qui voilent la chaîne des Virunga, dans l'est de la République démocratique du Congo.

343
Sur le versant rwandais des monts Virunga, d'immenses pans de forêt ont été défrichés pour céder la place aux cultures.

344 et 345
La montagne la plus haute de Namibie est le Brandberg, qui s'élève à 2 580 m d'altitude, dans la région du Damaraland.

346 et 347

Les rares pluies dont bénéficie le Damaraland, dans le nord-ouest de la Namibie, alimentent des cours d'eau et des sources qui jaillissent des profondes gorges du massif du Brandberg.

348 et 349
Les crêtes granitiques du Spitzkoppe se dressent, solitaires, au milieu des plaines immenses et arides du Damaraland, en Namibie.

351
Loin de tout, brûlé par un soleil implacable, le mont Brandberg, dans le Damaraland, reste l'une des régions les moins connues de la Namibie.

352
Dans sa course à la pointe sud de la Namibie, la Fish River a creusé sur 160 km des gorges spectaculaires, d'une profondeur de plusieurs centaines de mètres.

354 et 355
Les rivières qui traversent le Namib-Naukluft, un parc national situé dans l'ouest de la Namibie, prennent leur source dans les montagnes du Naukluft, qui atteignent jusqu'à 2 000 m.

356 et 357

Les dunes, les montagnes et les plaines du parc national du Namib-Naukluft, en Namibie, forment un ensemble d'écosystèmes à la fois spécifiques et interdépendants.

359
Telle la muraille d'une gigantesque forteresse, la puissante chaîne du Drakensberg surgit des nuages qui recouvrent les collines du Natal, en Afrique du Sud.

365
Les aiguilles de grès, les gorges et les vallées du massif de l'Isalo offrent l'un des paysages les plus imposants du sud de Madagascar.

366 et 367

Les Tsingy de Bemeraha, dans l'un des plus beaux parcs nationaux de l'ouest de Madagascar, sont des cathédrales sculptées par le vent et l'eau. Au sein de ce labyrinthe de flèches calcaires vivent quelque onze espèces de lémuriens.

369
De leurs silhouettes extravagantes, les formations gréseuses du massif de l'Isalo, dans le sud de Madagascar, créent un paysage irréel et unique en son genre.

370 et 371

Les gorges qui ravinent les montagnes aux environs d'Antananarivo, à Madagascar, se transforment en lits de torrents pendant les pluies.

372-373

L'érosion et, plus particulièrement, les vents ont profondément sculpté les rochers du massif de l'Isalo, dans le sud de Madagascar.

LES RIVES DU SILENCE

ENTRE CIEL ET TERRE

375
Le littoral tanzanien, baigné par l'océan Indien, se compose d'une succession de bancs de sable et de forêts.

Vaste continent comptant plus de 30 millions de kilomètres carrés de terre ferme, l'Afrique ne totalise que 30 000 kilomètres de côtes, soit moitié moins que l'Europe, dont la superficie est pourtant trois fois plus petite. Pour en comprendre la raison, il suffit de regarder une carte : pas de péninsules au profil élancé, ni d'anses abritées, ni même de ces grandes échancrures que les estuaires des fleuves peuvent découper dans un littoral. Le contour de l'Afrique est d'une simplicité déconcertante. Qu'elles soient basses et sablonneuses, envahies par la végétation ou totalement désertiques, ses côtes suivent, pour la plupart, un tracé rectiligne, qui n'est pas sans rappeler celui des chaînes montagneuses, des bassins et des hauts plateaux formant l'ossature du continent.

Ainsi, à l'est de l'Afrique, le littoral est parallèle aux grandes fractures tectoniques dont la succession chaotique marque le relief de l'Afrique de l'Est de la mer Rouge au Mozambique. À l'intersection de deux fosses d'effondrement, la côte adopte un aspect géométrique aux angles réguliers, comme sur la « corne de l'Afrique » qu'occupent la Somalie et l'Ogaden éthiopien. Les variations du niveau de la mer, la houle, les barrières coralliennes et l'action de l'homme ont, certes, enrichi ce paysage, mais sans en modifier les traits fondamentaux.

Aujourd'hui, d'immenses ports et des métropoles modernes surgissent sur les côtes de l'Afrique, des plates-formes pétrolières se profilent çà et là à l'horizon, de nouvelles routes permettent à des contrées oubliées de se développer et le tourisme

376
Les barrières coralliennes au large d'Hourghada, petite ville de la rive occidentale de la mer Rouge, sont le point de ralliement des plongeurs sous-marins en Égypte.

380
Sur la côte méridionale du Maroc, les épaves jonchent par dizaines le littoral atlantique au sud de la ville portuaire de Dakhla.

381
Près de Larache, au Maroc, une plage solitaire est éreintée sans répit par le ressac de l'Atlantique.

Océan Atlantique

382

Baignées par l'océan Atlantique, les îles Purpuraires, au sud-ouest d'Essaouira, au Maroc, portaient déjà le nom d'îles de la Pourpre dans l'Antiquité.

383

Près de Tanger, sur la côte marocaine du détroit de Gibraltar, les montagnes glissent dans la mer en une succession de corniches rocheuses.

384 et 385

Dans le delta du Sénégal, à la frontière nord du Sénégal, l'île Saint-Louis est un port important qui abrite un marché aux poissons très actif.

386-387
Sur leurs frêles embarcations, les pêcheurs sénégalais bravent jour après jour, avec fatalisme, les flots de l'océan Atlantique.

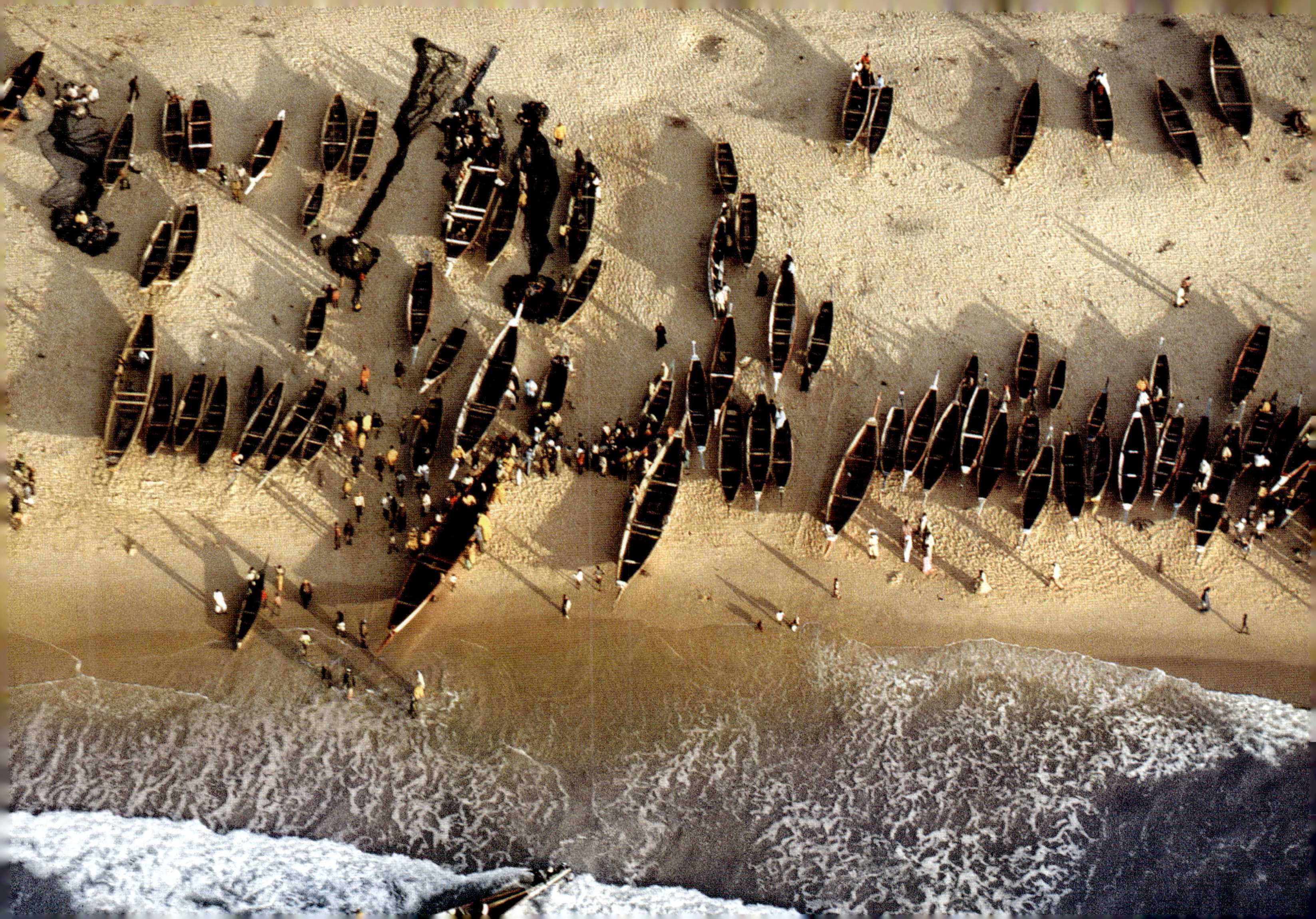

388 et 389
Acheteurs et curieux se pressent sur la plage de Dakar, au Sénégal, attirés par le riche butin d'une journée de pêche dans l'Atlantique.

390 et 391
Envahies par le sable et les sédiments fluviatiles, les côtes proches du delta du Niger, au Nigeria, ne peuvent accueillir ni port, ni communauté humaine d'envergure.

392 et 393
À proximité de Pointe-Noire, au Congo, la côte atlantique, souvent interrompue par des estuaires, est bordée de plages sablonneuses.

394 et 395

La présence de quelques pirogues et de traces sur le sable d'une plage des abords de Pointe-Noire, au Congo, trahit la proximité d'un village de pêcheurs.

396

Les eaux des lagunes qui, en Namibie, frangent la côte désertique de l'Atlantique, fournissent abri et nourriture à des formes de vie diverses.

397

Les lagunes salines de la désertique côte namibienne constituent un véritable refuge naturel pour les oiseaux migrateurs.

398
La côte des Squelettes longe l'Atlantique sur toute la partie nord de la Namibie, de Swakopmund à la frontière angolaise.

399
Des dizaines de milliers d'otaries vivent en colonies sur la côte des Squelettes.

400 et 401
Le littoral du parc national du Namib-Naukluft, la réserve la plus vaste de Namibie, est désertique et totalement inhabité.

402 et 403

Ces dunes qui se jettent dans l'océan Atlantique constituent, avec les dunes de Sossusvlei, avec le désert du Namib et avec les formations rocheuses entaillées de gorges, les principaux paysages du parc national du Namib-Naukluft, en Namibie.

404 et 405

La route qui serpente le long des flancs du pic Chapman, dans la péninsule du cap de Bonne-Espérance, en Afrique du Sud, permet de contempler certains des plus beaux paysages d'Afrique.

407

Une baleine et son petit ont été surpris alors qu'ils s'accordaient un moment de repos, au cours de leur migration annuelle le long des côtes sud-africaines.

408
Sur la côte est de la péninsule du Cap, les eaux de False Bay, l'un des hauts lieux du tourisme balnéaire en Afrique du Sud, sont adoucies par le courant chaud d'Agulhas.

409
Un phare côtier signale False Bay, à l'est de la péninsule du Cap.

411
D'immenses espaces verts et des installations sportives modernes séparent le centre de la ville du Cap, en Afrique du Sud, des quartiers résidentiels de Sea Point.

Océan Indien

412-413 et 414-415
La Tanzanie, baignée par les eaux turquoise de l'océan Indien, jouit de plus de 800 km de côtes qui, pour l'essentiel, sont intactes.

416 et 417

En Tanzanie, le littoral de l'océan Indien, sablonneux sur presque toute sa longueur, est bordé de forêts de palmiers et de mangroves.

418 et 419

Les plus petites des îles qui parsèment l'océan Indien, au large des côtes tanzaniennes, ne sont souvent que de simples bancs de sable bordés de récifs coralliens.

420 et 421

Vu du ciel, l'océan Indien, en Tanzanie, apparaît comme un miroir lisse et resplendissant de mille nuances chatoyantes et colorées.

422-423
Les boutres, barques de pêche traditionnelles à voile triangulaire, sont encore visibles sur toute la côte swahilie de l'Afrique de l'Est (ici en Tanzanie).

424-425
Sur l'île de Zanzibar, en Tanzanie, les édifices les plus anciens sont construits en pierre de corail.

426 et 427
Les magnifiques récifs coralliens qui, au Kenya, bordent la côte de l'océan Indien se révèlent de vrais pièges pour les marins.

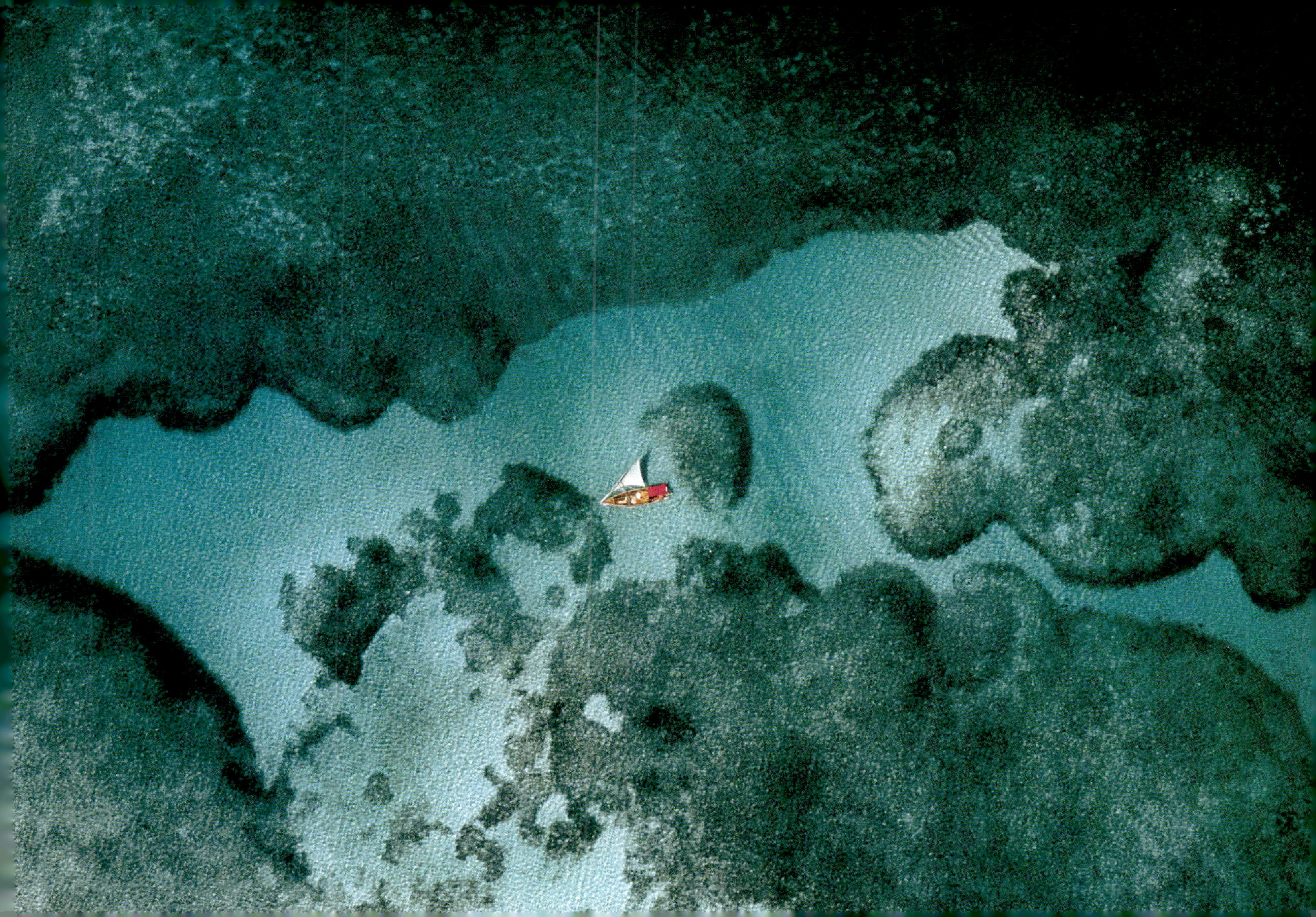

428

Au nord-ouest de Madagascar, dans le sud de l'archipel des Mitsio, Nosy Tsarabanjina, l'« île au sable blanc », est réputée pour ses fonds marins splendides et ses plages où nidifient les tortues de mer.

429

Au sud de l'archipel des Mitsio et de Nosy Be, Nosy Iranja, l'« île aux tortues », offre ses plages de fin sable blanc aux tortues de mer qui viennent y pondre leurs œufs et les enfouir dans le sable.

430
Une spectaculaire barrière de corail entoure le sud de l'île Sainte-Marie, au large de la côte est de Madagascar.

431
Le canal des Pangalanes longe les lagunes côtières de la côte est de Madagascar sur près de 665 km, de Toamasina à Farafangana.

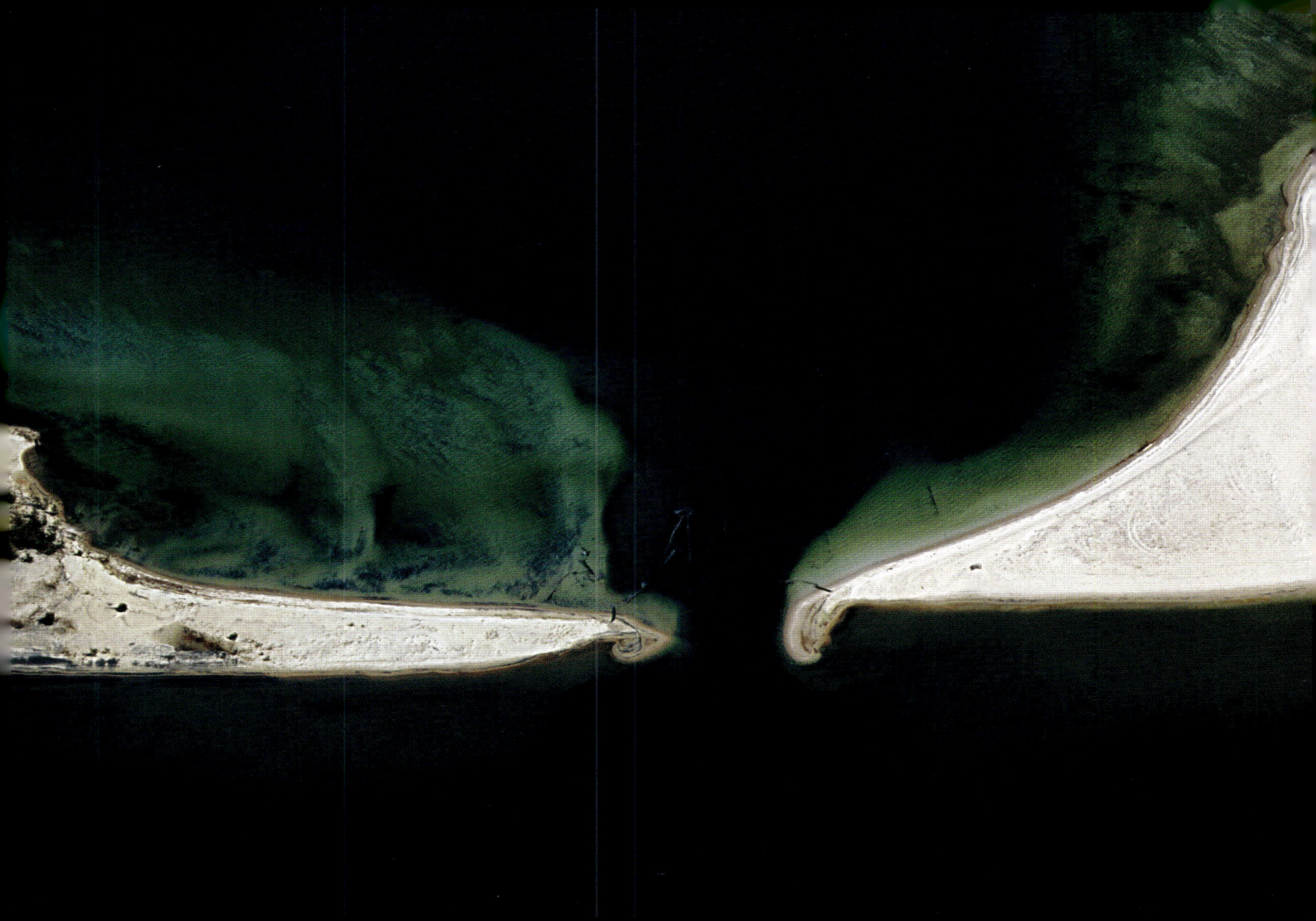

432 et 433
Nombre des îles qui composent l'archipel des Seychelles, dans l'océan Indien, telles celles de Saint-Pierre (à gauche) et de La Digue (à droite), sont des paradis pour les naturalistes.

434 et 435
Dans l'archipel des Seychelles, le grand atoll d'Aldabra, sanctuaire de la vie océanique sauvage, abrite une variété incroyable de poissons.

436 et 437
L'îlot Sainte-Anne, près de Mahé, la plus grande île des Seychelles, est, avec sa réserve marine, l'un des nombreux parcs naturels que compte l'archipel.

438 et 439

L'île aux Cerfs, près de la pointe est de l'île Maurice, accueille comme cette dernière une forêt tropicale qui s'étire jusqu'à la mer.

440-441

Située dans l'océan Indien, à près de 800 km à l'est de Madagascar, l'île Maurice révèle par sa morphologie son origine volcanique.

442 et 443
Les côtes de l'île Maurice, baignées par l'océan Indien, sont protégées par des barrières coralliennes sur presque toute leur longueur.

444 et 446-447
La barrière corallienne qui longe la côte égyptienne de la mer Rouge offre près de la ville d'Hourghada des vues d'une grande beauté.

445
L'île de Giftun, à une heure de bateau d'Hourghada, est l'un des parcs nationaux sous-marins les plus spectaculaires de la mer Rouge.

448, 449 et 450-451
La côte orientale de l'Égypte offre de nombreux sites où la couleur ocre du désert se mêle au turquoise des eaux de la mer Rouge.

453
Rien ne définit mieux l'âme de la côte septentrionale de l'Égypte que la rencontre des sables du Sahara avec les flots bleu azur de la Méditerranée.

Mer Méditerranée

454 et 455

En Égypte, les baies abritées de la côte méditerranéenne ont toujours été le lieu privilégié des implantations humaines

456-457

Sur cette langue désertique de la côte égyptienne, les eaux de la Méditerranée sont d'une limpidité extraordinaire.

NOMADES ET SÉDENTAIRES

ENTRE CIEL ET TERRE

459
Cultures aux environs de Mwea, Kenya (à gauche),
et village dans la région d'Amboseli, Kenya (à droite).

Rien n'est moins lisible qu'une carte des peuples africains, vaine tentative pour définir, dans un inextricable fouillis, des groupes, des sous-groupes, des tribus et des clans. Tant d'ethnies se côtoient en Afrique que les chercheurs, qui ne donnent pas toujours voix au chapitre aux premiers concernés, finissent parfois par concilier l'inconciliable. C'est ainsi que le nom des Turkanas a été souvent employé – ironie du sort – pour désigner leurs implacables ennemis ancestraux, les Dodoth.

Et que faire de cartes dont le but est de fixer, une fois pour toutes, des connaissances face à des peuples qui se déplacent, se mélangent, migrent, et parfois disparaissent ? Ou encore ressuscitent, comme les El Molo, cette population de pêcheurs du lac Turkana qui, réduite à quelques centaines d'individus, absorbée par la société sambourou, était, à la fin du xxe siècle, au bord de l'extinction culturelle ? Leur disparition annoncée suscita des pèlerinages anthropologiques et touristiques. Et c'est ainsi que les El Molo recouvrèrent leur identité perdue, tout en découvrant qu'il est plus rentable de se faire photographier que de s'acharner à pêcher dans un lac infesté de crocodiles.

Dans ce casse-tête démographique, il n'existe pas de structures stables. Le cadre évolue incessamment et les sociétés africaines traditionnelles doivent aujourd'hui affronter de graves problèmes de survie. Des successions de conflits et de catastrophes écologiques, un exode rural massif accompagné d'une urbanisation galopante, ont, en peu de temps, bouleversé l'ordre des choses.

460
Maison sur la rive ouest du Nil, près de Louqsor, Égypte.

Nomades et sédentaires

Pourtant, certains modes de vie traditionnels perdurent, tel le nomadisme, unique moyen, aujourd'hui encore de tirer parti de contrées arides qui, sans lui, seraient livrées à elles-mêmes. Tous les peuples sahariens – Maures, Chaambas, Touaregs, Toubous, Kababish, Peuls et Bejas, auxquels il faut ajouter les groupes berbères du Sud marocain –, mobiles par nécessité, vivent sous la tente. Ceux qui furent les seigneurs du désert et vivaient de razzias ont dû, aujourd'hui, se convertir à l'élevage de chèvres, de bovins et de dromadaires.

Les Touaregs y ajoutent le commerce du sel, abondant dans le Sahara mais rare et précieux en Afrique noire. Taillé en barres ou pressé en pains, il se troque, comme jadis, contre des dattes et des céréales, des produits agricoles de la savane. Son transport est toujours assuré par les caravanes, même s'il n'a plus la même ampleur qu'autrefois. Dans les immensités sahariennes, dépourvues de voies de communication fiables et de points d'approvisionnement, le dromadaire reste plus adapté que le camion : pas de carburant, peu d'entretien, pas de pannes. S'il meurt, il n'est pas abandonné au bord de la route, mais recyclé en produits utiles à l'économie nomade.

La tente est l'emblème de ce monde aux frontières incertaines. Si ses formes et ses dimensions peuvent varier considérablement selon la région et la richesse du propriétaire, toutes répondent aux exigences d'une vie errante en restant faciles à démonter et à transporter. Les Berbères marocains peuvent charger leur tente noire, piquets de soutien inclus, sur un seul dromadaire. Celles des Touaregs, hémisphériques, formées de peaux de chèvre cousues les unes aux autres, sont beaucoup plus volumineuses. Certaines peuvent loger plusieurs dizaines de personnes.

Les Massaïs du Kenya et de la Tanzanie sont également des pasteurs nomades, de même que les Turkanas, les Boranas, les Somalis et une bonne part des peuples occupant la région qui s'étend entre la limite occidentale de la Rift Valley, la corne

Nomades et sédentaires

de l'Afrique et le sud du Soudan. À une échelle plus réduite, les Pygmées du bassin du Congo et les Bochimans du Kalahari pratiquent aussi une forme de nomadisme. Ils vivent de cueillette – une économie de type « archaïque » – et habitent dans de simples cabanes faites de branchages et de divers matériaux trouvés sur place.

Quant au reste du continent, dès que l'eau est en quantité suffisante et la nature moins hostile à la vie humaine, il est consacré à l'agriculture. Les cultures peuvent être extensives et organisées en de vastes plantations, comme en Côte d'Ivoire, en Afrique du Sud et dans le nord du Soudan. Plus fréquemment, elles sont de subsistance et liées au rythme ancestral des saisons. La tente et la cabane sont remplacées par des habitations permanentes, que l'on classe habituellement en une trentaine de types. En fibres végétales ou en terre crue, de plan circulaire ou rectangulaire, parfois semblable à un petit château fort, comme chez les Sombas du Bénin, la maison africaine n'est pas seulement un refuge pour la nuit, un lieu où vivre en famille, c'est aussi la demeure des morts, des ancêtres. Sa forme ne résulte qu'en partie des conditions environnantes, parce qu'elle exprime plus encore des aspirations spirituelles. Ainsi, la maison des Dogons symbolise un homme assis. Son entrée représente le sexe, et ses différents éléments la tête, le tronc et les membres. À Madagascar, creuset d'ethnies diverses et point de rencontre entre l'Afrique et l'Asie, l'habitation est toujours orientée selon des règles précises, et la tête des lits tournée vers le nord-ouest.

En Afrique, la structure du village et la disposition des maisons et des quartiers reflètent les hiérarchies sociales, mais elles symbolisent aussi le rapport de l'homme avec l'univers. Habiter en Afrique, c'est afficher son appartenance à une communauté, à un espace culturel défini par la tradition et par un tissu de liens métaphysiques avec les forces surnaturelles. C'est préserver son identité et sa dignité de génération en génération.

464-465
Cette plantation marocaine de cannes à sucre détient un faible rendement du fait de l'absence de mécanisation. Ce handicap pèse toujours sur une grande partie de l'agriculture marocaine.

466

En dépit de conditions difficiles, une mosaïque de cultures couvre les hauts plateaux qui s'étagent entre les sommets de l'Atlas, au Maroc.

467

Plantés en lignes régulières, des arbres délimitent les champs cultivés sur les pentes du Rif, le long de la côte méditerranéenne du Maroc.

468
Plus de la moitié des terres agricoles du Maroc sont occupées par les cultures de céréales, dont la production ne cesse d'augmenter.

469
Le sel est une ressource importante pour l'économie marocaine. Il est extrait, principalement, sur la côte atlantique, près de Casablanca.

470
Le droit coutumier continue de régir la propriété ainsi que l'utilisation des parcelles cultivées de ce village du Haut Atlas, au Maroc.

471
Dans les zones rurales du Maroc, les habitations en terre crue sont construites selon des techniques inchangées depuis des siècles.

472
Les peaux étalées au soleil dans ce cimetière en ruines seront bientôt transformées en objets en cuir de grande qualité, l'une des fiertés de l'artisanat marocain.

475

Les dattes qui viennent d'être récoltées dans une palmeraie égyptienne, au sud du Caire, ont été mises à sécher. Par la suite, elles seront transformées en farine.

476-477
Une fois sélectionnées selon leur type et leur qualité, ces dattes récoltées près du Caire iront, pour la plupart, approvisionner le marché intérieur égyptien.

478

L'austère désert Oriental (ou désert Arabique), qui s'étend en Égypte dans l'étroite bande comprise entre la vallée du Nil et la mer Rouge, marque depuis des millénaires la limite du monde habité par l'homme.

479

Le tissu de cultures qui occupe les rives fertiles du Nil près de Louqsor, en Égypte, frappe par sa géométrie et par la richesse de sa palette.

480
Le rythme immuable des travaux agricoles continue de marquer la vie des habitants de ce petit village égyptien proche de Louqsor.

481
Pour les paysans surpris ici au travail dans la campagne des environs de Louqsor, la période de récolte est un moment d'activité intense.

482-483
Les demeures des paysans de la rive ouest du Nil, près de Louqsor en Égypte, se détachent nettement sur le maillage serré des champs.

484 et 485
Des murets de terre concentriques ou parallèles facilitent l'irrigation des cultures de cette région proche de Kiffa, en Mauritanie.

486

Près de Kiffa, dans le sud de la Mauritanie, l'eau indispensable à une bonne irrigation des champs est tirée chaque jour à la main de puits à ciel ouvert.

487

À Tichit, plus au nord, les jardins sont protégés des vents secs et du sable de l'envahissant Sahara mauritanien par des barrières en feuilles de palmier.

489
Un marché au bétail comme celui qui se tient ici près de Nouakchott, en Mauritanie, est une importante occasion de rencontres pour les nomades du Sahara.

490
Le plan de ce village de la région de Kayes, dans le sud-ouest du Mali, reflète la structure sociale et familiale du groupe qui l'habite.

491
Les techniques de culture utilisées dans la région de Gao, l'ancienne capitale de l'Empire songhaï, sur le fleuve Niger dans l'est du Mali, sont le fruit d'une adaptation séculaire aux dures conditions du Sahel.

492
Fondée vers l'an mille sur les rives du Bani, la ville de Djenné fut autrefois l'une des places commerciales les plus riches et les plus importantes du Mali.

494 et 495

La présence de points d'eau permanents est déterminante pour le tracé des routes caravanières qui traversent le Mali dans la région de Tombouctou, aux confins du désert du Sahara et du Sahel.

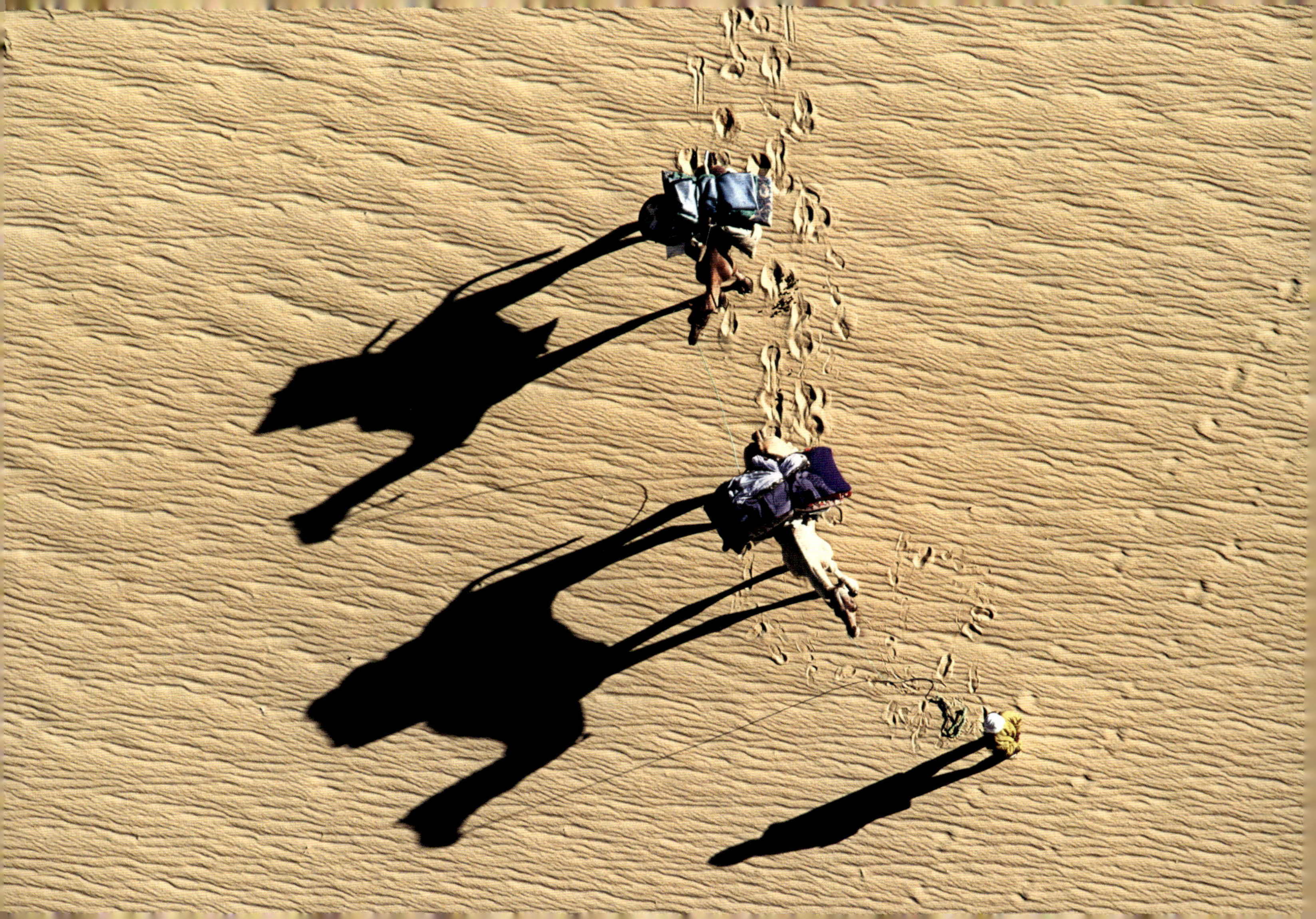

496
Les pistes caravanières qui traversent le Sahara malien au nord de Tombouctou ne sont souvent que des traces à peine discernables dans le sable.

498-499
Dans la région de Tahoua, dans le Sahel nigérien, des greniers spéciaux stockent les céréales qui permettent d'affronter les périodes de sécheresse.

501

Ce village de la région de Tahoua, au Niger, se compose de modestes cases en terre.

502
Les villages établis sur les plaines des environs de Tahoua, dans le sud-ouest du Niger, jouent depuis des temps très anciens le rôle d'un important point de rencontre entre nomades et paysans sédentaires.

503
Le village fortifié de Fachi, entouré de salines étincelantes, est perdu au milieu des dunes de l'erg du Ténéré, dans le nord du Niger.

504-505
Le riz est la culture dominante de la Casamance, dans le sud du Sénégal, car les terres y sont fertiles et la pluie abondante.

506-507
En l'absence de mécanisation, le recours à un travail collectif est indispensable pour les riziculteurs de Casamance, au Sénégal.

508
La disposition des canaux d'irrigation de ses cultures en rayons tout autour du puits permet à ce cultivateur sénégalais d'économiser son énergie.

510

Des ramasseurs de sel marquent une pause sur les rives du lac Retba, un ancien bras de mer peu profond situé près du littoral atlantique au nord de Dakar, au Sénégal, qui doit son surnom de lac Rose à la coloration de ses eaux.

512-513

Après les traditionnels marchandages sur son prix, le sel que les ramasseurs ont extrait des eaux du lac Retba sera mis en vente sur les marchés de Dakar.

514 et 515

L'igname fait partie des cultures les plus répandues en Côte d'Ivoire. Son tubercule est un aliment de base dans les campagnes.

516-517

La culture de l'ananas, bien qu'elle soit moins importante que celles du cacao et du café, occupe néanmoins l'un des secteurs de pointe de l'agriculture ivoirienne.

518
Dans cette case des environs de Boundiali, dans le nord de la Côte d'Ivoire, des espaces d'habitation sont disposés à ciel ouvert, isolés par un simple muret.

519
Près de Bouna, dans le nord-est de la Côte d'Ivoire, le peuple lobi bâtit des cases rectangulaires en terre, coiffées d'une terrasse.

521

La vie sociale des villageois baoulés, près de Mbahiakro, dans le centre-est de la Côte d'Ivoire, est rythmée par un calendrier rituel précis.

522 et 523
Un réseau méticuleux de champs cultivés recouvre les pentes des monts Virunga, l'une des régions les plus peuplées du Rwanda.

524
Le thé, dont la production est principalement destinée à l'exportation, représente pour l'économie rwandaise une source précieuse de devises fortes.

525
Une large part du territoire rwandais est divisée en petites parcelles destinées à une agriculture de subsistance.

526
Les hauts plateaux de la région de Goma, près de la frontière est de la République démocratique du Congo, bénéficient d'un climat relativement salubre et de terres bonnes à cultiver.

527
Les villages établis sur les pentes des monts Virunga, dans l'est de la République démocratique du Congo, restent pour la plupart de dimensions modestes.

528-529

Pour décourager leurs ennemis et repousser les prédateurs, les Nyangatom, peuple de la basse vallée de l'Omo, dans le sud de l'Éthiopie, prennent soin d'entourer leurs villages de haies d'épineux.

530

Au coucher du soleil, après une journée passée dans les pâturages, les bergers somalis enferment soigneusement leurs chèvres dans un enclos bien protégé, placé au centre de leur village.

531

En Somalie, dans les régions où les routes se résument à de simples pistes, le dromadaire reste le moyen de transport le plus fiable.

532
La chèvre, parce qu'elle sait tirer parti de la maigre végétation du désert, est un bien précieux pour les bergers somalis.

533
Dans les régions désertiques de la Somalie, quand il faut choisir l'emplacement d'un campement, la présence d'un point d'eau est plus importante que la proximité de pâturages pour le bétail.

534 et 535

Exploitées avec des méthodes modernes, les grandes parcelles de céréales cultivées au Kenya possèdent un bon rendement et garantissent à ce pays une autosuffisance alimentaire.

536
Le développement de la mécanisation a permis d'améliorer sensiblement le niveau de la productivité agricole dans plusieurs grandes régions du Kenya.

538 et 539
Les Massaïs protègent leur campement, comme ici dans le nord de la Tanzanie, par une haie d'épineux qui atteint parfois 3 m de haut.

540-541
Ce village tanzanien traditionnel, situé en bordure du parc national du Serengeti, comprend plusieurs cases placées autour de l'enclos où le bétail est gardé.

542 et 543

Au Botswana, les habitants des régions les plus éloignées du delta de l'Okavango et de ses zones fluviales vivent principalement de l'élevage car ils sont soumis à une sécheresse persistante.

544-545
Dans la bande de Caprivi, partie de la Namibie située au nord du Botswana, le Zambèze s'étale en un marais au sein duquel, sur un lopin de terre émergée, s'élève ce minuscule village.

546 et 547
La production viticole d'Afrique du Sud, centrée sur la province du Cap-Ouest, a conquis les marchés internationaux par sa qualité.

548-549
Introduite en Afrique du Sud dès la fin du XVIIe siècle, la vigne a été implantée de longue date, et avec succès, dans la région de Stellenbosch, à l'est du Cap.

550 et 551

L'agriculture sud-africaine dispose des techniques d'arrosage et d'irrigation les plus sophistiquées, comme le montrent ces champs de la région de la Blyde River, dans le nord-est du pays.

552-553

Les plaines de Calitzdorp, dans la province du Cap-Ouest, assurent les meilleures productions de fruits secs d'Afrique du Sud.

554-555
Des maisons disposées à la file sur une étroite langue de terre marquent la limite entre un cours d'eau et les rizières de la région d'Antananarivo, à Madagascar.

556
Dans la région d'Ambatolampy, au sud d'Antananarivo, comme dans d'autres zones montagneuses de Madagascar, le riz se cultive dans des champs en terrasses.

557
Une mosaïque de champs part à l'assaut des pentes d'un volcan éteint situé à l'ouest du lac Itasy, au cœur de Madagascar.

558
Les beaux paysages vallonnés des alentours d'Antananarivo, capitale de Madagascar, sont marqués par une riziculture intensive.

559
La riziculture, pratiquée à Madagascar depuis le XVIe siècle, y a sans doute été introduite par des colons venus de l'archipel indonésien.

560

Une partie seulement du territoire malgache se prête à l'agriculture. En l'absence de techniques modernes, elle n'offre encore que de faibles rendements.

562-563
Les agriculteurs malgaches sont organisés en petites exploitations familiales et ne produisent que pour leur propre subsistance.

564-565
Les Betsiléos, qui vivent sur les hauts plateaux de Madagascar, arrachent aux pentes de leurs montagnes des terrasses qui permettent une irrigation efficace et permanente de leurs champs.

L'EMPREINTE DE L'HISTOIRE

ENTRE CIEL ET TERRE

567
Greniers à blé, Tunisie (à gauche), temple de Dakka, Égypte (à droite).

568
La plaine de Gizeh et les pyramides de Khephren et Kheops, Égypte.

En 1830, le philosophe Friedrich Hegel professait que ne montrant ni mouvement ni développement, l'Afrique n'appartenait pas au monde historique. Il pensait aussi que l'Égypte et le nord du continent relevaient des mondes asiatique et européen.

Les mythes ont la vie dure : l'idée d'une Afrique anhistorique a conservé de nombreux adeptes, jusqu'à une époque très récente. Ainsi, la « Dame blanche », une peinture rupestre du Brandberg, en Namibie, s'est vu attribuer une origine crétoise, et Zimbabwe est longtemps passée pour une cité phénicienne abandonnée et tombée en ruine.

Quant aux peuples de l'Afrique noire, plongés dans une sorte de barbarie hors du temps, n'ayant pas encore atteint le stade de l'« histoire consciente », pour reprendre les termes de Hegel, ils « n'existaient pas ». De ce point de vue, le cas de l'Égypte est emblématique : les tenants d'une Afrique restée au seuil de l'histoire pouvaient affirmer que l'Égypte n'était pas peuplée d'Africains, et surtout pas de Noirs. La civilisation égyptienne aurait donc été le fruit d'une sagesse venue d'Orient.

Aujourd'hui, les historiens pensent que les origines de la civilisation égyptienne sont probablement à chercher dans le Sahara. L'aridité qui s'y installa à partir de 4000 avant notre ère aurait poussé les populations sahariennes vers des lieux où l'eau était plus abondante, telle la région du Nil. En majeure partie originaires d'Afrique continentale, ces peuples à peau sombre se composaient de pasteurs et de paysans. La vallée du Nil devint alors le centre d'une migration progressive,

572-573
Au long de l'oued Rheris, dans le Sud marocain,
les villages fortifiés étaient autrefois des étapes vitales
du commerce transsaharien avec l'Afrique noire.

L'empreinte de l'histoire

mais massive. Malgré des contacts avec l'extérieur et l'incursion de groupes en provenance de la Mésopotamie, cette « ruée vers l'Égypte » fut donc essentiellement le fait d'Africains.

Les splendeurs millénaires de l'Égypte antique rehaussent encore de leurs traces les rives du Nil, de la deuxième cataracte (entre Karthoum et Assouan) au delta. Miraculeusement sauvés des eaux du lac Nasser, les temples d'Abou-Simbel chantent la gloire de Ramsès II et du dieu Amon, magnifiés par des statues colossales de plus de vingt mètres de haut. Si l'île de Philae est submergée depuis des décennies, le temple d'Isis qu'elle abritait a été démonté et transporté sur l'île voisine d'Agilkia lors d'une opération de sauvetage épique qu'organisa l'Unesco en 1972.

Non loin de ce site, se trouve Assouan, l'antique Syène, qui chevauche le tropique du Cancer. Le célèbre nilomètre, qui sert à mesurer le niveau des eaux du Nil et à prévoir l'importance des crues, s'aperçoit encore sur la rive sud de l'île d'Éléphantine. Plus au nord s'élève Edfou, un très ancien lieu de culte dédié au dieu faucon Horus. Les hiéroglyphes complexes incisés sur ses murs sont une somme de la religion égyptienne. Sur la rive opposée, se dresse Kom Ombo, érigé en l'honneur de Sobek et d'Haroeris (Horus l'ancien), divinités à tête de crocodile et de faucon.

Quant à Karnak et à Louqsor, leurs majestueux pylônes ornés de bas-reliefs, leurs obélisques, colonnades et sanctuaires, leurs avenues bordées de sphinx sont les vestiges de la célèbre Thèbes, consacrée à Amon-Rê. Là s'étendent la vallée des Reines et la vallée des Rois, où fut découvert le tombeau de Toutankhamon.

À mesure que l'on descend vers le delta du Nil, les merveilles se succèdent à un rythme croissant : temples de Dendérah et d'Abydos, pyramides de Saqqarah et de Memphis – capitale de l'ancien empire. Puis viennent Gizeh, le Sphinx, et les plus vastes édifices jamais conçus par l'homme : les pyramides de Kheops, Khephren

L'empreinte de l'histoire

et Mykérinos. Face à la grandeur de la civilisation égyptienne, tout est relégué au second plan.

Pourtant, vers 750 avant notre ère, les seigneurs de Koush envahirent le pays. Ces pharaons noirs venus de Nubie, qui régnèrent pendant près de cent ans sur les cours moyen et inférieur du Nil, choisirent de reposer à Méroé. Élevées en pierre, hautes de quinze mètres, leurs pyramides pointues se détachent sur l'horizon plat du désert soudanais. Ces rois bâtirent eux aussi des palais et, pour leurs divinités à tête de lion et à corps d'homme, des temples magnifiques.

Parallèlement, une civilisation originale voyait le jour plus au sud, dans les montagnes inaccessibles de l'Est éthiopien. Axoum conserve de hautes stèles de pierre et un labyrinthe de catacombes qui rappellent l'existence d'un État fort et tirant sa prospérité de ses relations commerciales avec l'Arabie. Les églises monolithes de Lalibela (XIIe et XIIIe siècles), puis les imposants châteaux de Gondar (XVIIe et XVIIIe siècles), témoignent de la continuité de l'Empire éthiopien et de la vitalité de cette culture en tous points africaine.

À notre Moyen Âge correspond, en Afrique, une ère féconde. Des royaumes et des empires fleurirent, étendant leur influence sur d'immenses territoires : Ghana, Mali et Songhaï sur le cours moyen du Niger, Bénin dans l'actuel Nigeria, civilisation swahilie près de l'océan Indien, Kanem-Bornou près du lac Tchad... De cet illustre passé subsistent des villes en corail, de magnifiques mosquées en terre crue ainsi que d'énigmatiques masques votifs de bronze ou d'or.

Mais ce qui symbolise l'histoire du continent africain et lui restitue sa véritable dimension, ce sont les ruines de Zimbabwe, la capitale mythique de l'empire du Monomotapa. Ses lourdes enceintes de pierre, ses tours coniques, ses plates-formes sacrées, éparpillées dans une forêt silencieuse, ne sont que les jalons d'un très long parcours, un chemin commencé voici plusieurs millénaires, quand les hommes étaient encore des dieux.

574

Entre Matmata et Tataouine, dans le sud de la Tunisie, des villages se nichent sur des plates-formes creusées à flanc de montagne.

575

Le ksar, un grenier collectif qu'utilisaient autrefois les Berbères du Sud tunisien, révèle bien ici son caractère fortifié.

576 et 577

Les greniers à blé collectifs du sud de la Tunisie sont en général disposés autour d'une cour qui servait aussi aux réunions.

579

L'amphithéâtre romain d'El-Djem, l'antique Thysdrus, dans le nord-est de la Tunisie, était l'un des plus grands du monde et pouvait accueillir jusqu'à 30 000 spectateurs.

580 et 581

Les ruines de la ville romaine de Dougga, dans le nord-ouest de la Tunisie, sont l'un des sites archéologiques majeurs d'Afrique du Nord.

582-583

Les aqueducs et les vestiges des cités romaines que l'on peut admirer en Tunisie rappellent l'ampleur de la colonisation qui suivit la destruction de Carthage par Scipion en 146 av. J.-C.

584
La cité romaine de Bulla Regia, dans le nord-ouest de la Tunisie, se distingue par ses imposantes villas et ses hypogées ornés de splendides mosaïques.

587

Sur la côte libyenne, à l'est de Tripoli, s'étendait la ville natale de l'empereur romain Septime Sévère, Leptis Magna, qui, à son apogée, compta jusqu'à 80 000 habitants.

588-589
La ville romaine de Sabratha, en Libye, était un important carrefour commercial pour les caravanes qui faisaient route vers l'oasis de Ghadames, en Tripolitaine.

590
Un vaste réseau de couloirs souterrains s'étend sous la grande arène ovale de l'amphithéâtre romain de Sabratha, à l'est de Tripoli, en Libye.

591
Le théâtre romain est, avec sa scène à trois étages, le monument le plus spectaculaire et le mieux conservé de Sabratha.

592-593

Fondée par les Phéniciens sur la côte tripolitaine, Sabratha était un comptoir commercial que le roi numide Massinissa annexa à son éphémère royaume avant que les Romains ne la rebâtissent aux IIe et IIIe siècles apr. J.-C.

594-595
Les tombes des membres de la famille royale et de la noblesse égyptiennes s'étendaient en une grande nécropole au pied des pyramides de Kheops, Khephren et Mykérinos à Gizeh.

596

4 500 ans après sa construction, la pyramide de Khephren, en Égypte, est l'un des rares monuments qui garde encore une grande partie de son revêtement originel, formé de coûteuses pierres de taille.

597
Les colossales pyramides de Gizeh, en Égypte, ne furent pas édifiées par des esclaves comme on le pense souvent, mais par des ouvriers dûment payés.

598

Le sphinx colossal qui fut élevé sous le règne de Khephren, vers 2500 av. J.-C., semble veiller sur la nécropole égyptienne de Gizeh.

599

Taillé dans un bloc de calcaire de près de 60 m de long, le Sphinx est l'une des statues de l'Égypte antique les plus monumentales.

600
L'enceinte du complexe funéraire de Djoser, à Saqqarah en Égypte, ne comportait qu'un unique accès (à gauche) qui débouchait sur cuelques salles dont ne subsistent aujourd'hui que les murs extérieurs (à droite).

601
Avec sa pyramide à degrés, le complexe funéraire du roi Djoser, attribué à l'architecte Imhotep (vers 2780 avant notre ère), est le mor ument le plus impressionnant de la nécropole de Saqqarah.

602
La pyramide de Sahourê, à Abousir, entre Gizeh et Saqqarah en Égypte, est précédée d'un temple funéraire.

603
Les pyramides d'Abousir ont été édifiées sous les règnes des pharaons de la Ve dynastie.

604 (à gauche)

La construction de la pyramide de Meïdoum, sur la rive gauche du Nil, en Égypte, est attribuée à Houni, dernier souverain de la IIIe dynastie.

604 (à droite)

La pyramide « rouge » de Dachour, au sud de Saqqarah, sur le Nil, est le premier exemple de pyramide parfaitement géométrique.

605

La pyramide à double pente de Dachour conserve encore une grande partie de son revêtement initital. Seules les arêtes et la partie inférieure de l'édifice ont souffert.

606
Les ruines de la vieille ville de Siouah, dans le nord-ouest de l'Égypte, comptent de nombreuses tours tronquées.

607
Dans l'oasis de Siouah, une palmeraie entoure les vestiges du temple qui était consacré au célèbre oracle d'Amon.

608

À Louqsor, sous le coude du Nil, le temple de l'antique Thèbes offre un exemple grandiose d'architecture sacrée. La mosquée Abou el-Haggag, de construction ancienne, repose sur le temple lui-même.

609

Le temple de Louqsor domine avec majesté la rive orientale du Nil. Derrière s'étend la ville moderne avec ses quartiers populeux.

610
En avant du temple de Karnak, près de Louqsor, la salle hypostyle matérialise, avec ses immenses colonnes, le marais primordial de la cosmogonie égyptienne.

611
Le temple d'Amon-Rê, à Karnak, occupe le cœur d'un ensemble religieux qui, avec une surface de 300 000 m², est le plus vaste de l'Égypte ancienne.

612 et 613

difié sur des terrasses en pente Thèbes-Ouest, le temple de la eine Hatshepsout est un parfait xemple d'architecture funéraire e l'Égypte ancienne.

614 et 615

Le Ramesseum, temple funéraire de Ramsès II (à gauche) et le temple de Séthi Ier (à droite) sont les joyaux qui parent la rive occidentale du Nil à Thèbes-Ouest, en Égypte.

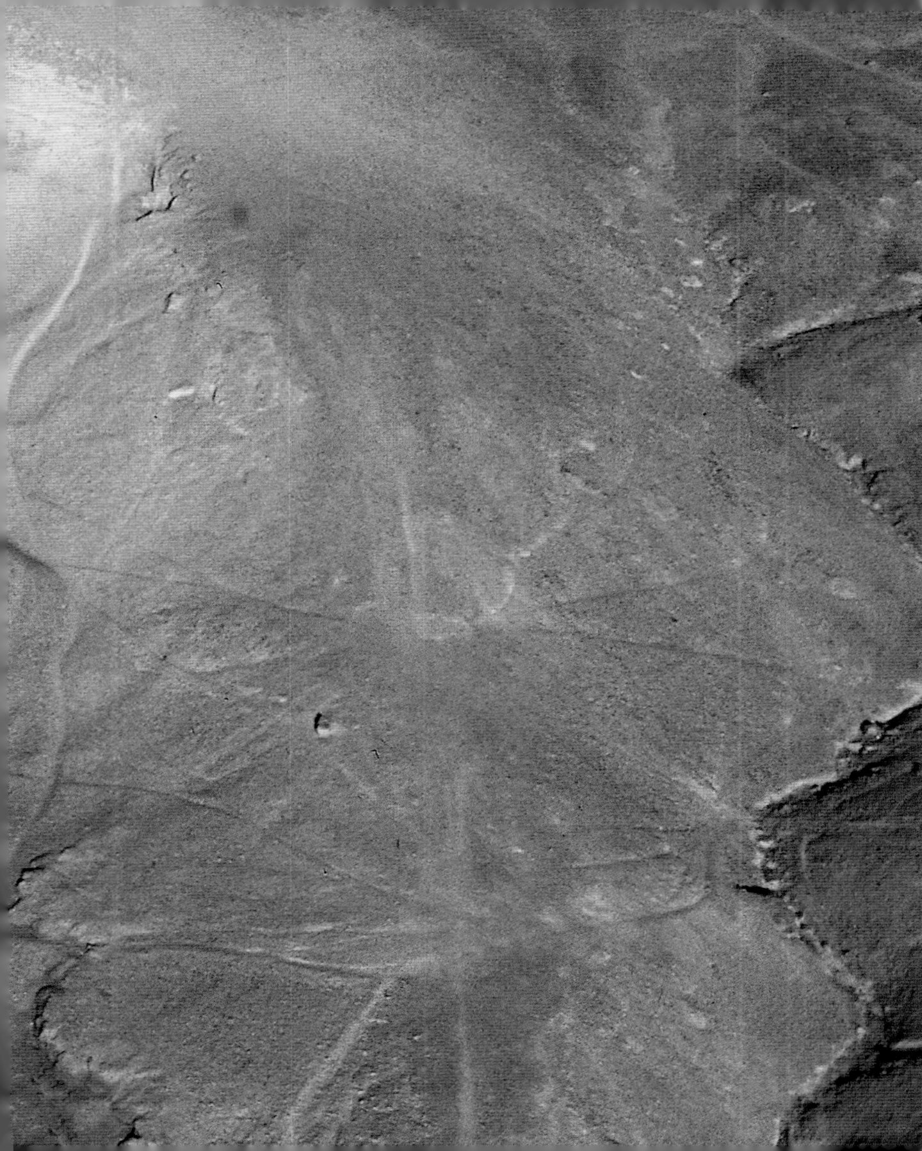

616-617

L'unique lieu habité de Thèbes-Ouest, sur la rive gauche du Nil, était le village de Deir el-Medineh, où vivaient les ouvriers chargés de construire les tombeaux des souverains de l'Égypte antique.

618

Les pylônes du temple d'Edfou, dans le sud de l'Égypte, ne présentent pas l'habituelle orientation est-ouest, mais font face au sud.

619

Le temple d'Hathor à Dendérah, élevé au Ier siècle av. J.-C., est l'un des édifices sacrés les mieux conservés de l'Égypte ancienne.

620-621

Le temple ptolémaïque de Kom Ombo, dans le sud de l'Égypte, a la particularité d'abriter deux sanctuaires dédiés à deux dieux différents, Sobek et Haroeris.

622-623
Les imposants pylônes du temple ptolémaïque d'Isis et la silhouette élégante du kiosque de Trajan se détachent sur l'île d'Agilkia, près d'Assouan, en Égypte.

626-627
Les silhouettes coniques des pyramides de Méroé, la seconde capitale de l'empire de Koush, se profilent dans l'aride paysage désertique du nord du Soudan.

628

Les ruines nostalgiques du palais de Dawit s'élèvent dans le vaste complexe monumental impérial de Gondar, dans le nord-ouest de l'Éthiopie.

629

Quatre tours d'angle rondes encadrent le château que l'empereur Fasilidès se fit construire à Gondar vers 1650.

630

Construite au XIIIe siècle, la Grande Mosquée de Djenné, au Mali, est le plus vaste édifice en terre crue du monde. Avec ses tours et ses murailles crénelées, elle est non seulement le symbole de la ville, mais aussi celui de l'islam noir.

Paolo Novaresio, né à Turin en 1954, est diplômé d'histoire contemporaine. Voyageur, historien et écrivain, il s'intéresse depuis toujours à la méthodologie de l'exploration. En voiture, à pied ou avec les moyens locaux, il a parcouru l'Afrique à de nombreuses reprises, notamment ses régions les moins fréquentées, du Sahara au bassin du Congo, et de l'est au sud. Il a navigué sur le Nil, l'Aruwimi et le lac Tanganyika. Il a aussi exploré à pied plusieurs zones du Sahara et de la vallée de Suguta, au Kenya. De 1981 à 1983, après une longue traversée de l'Afrique noire, il a séjourné plus d'un an au Kenya pour y étudier deux peuples nomades, les Sambourous et les Turkanas. Plus récemment, il a concentré ses recherches sur le Kenya, le Botswana, la Namibie et l'Afrique du Sud. Par ailleurs, il s'occupe de la préparation logistique de voyages et d'expéditions scientifiques et collabore avec de nombreux journaux et revues, au travers d'articles sur l'histoire et la civilisation africaines. L'un de ses livres, écrit en collaboration avec Gianni Giansanti, est disponible en traduction française sous le titre de *L'Afrique mystérieuse* (2005).

Index

Index

Index

Index

Index

Index

Crédits photographiques

Couverture : première : **Steve Bloom/Alamy Images** - quatrième : **Marcello Bertinetti/Archives White Star** - dos, de gauche à droite : **S. Vannini/Panda Photo** (1) ; **Marcello Bertinetti/Archives White Star** (2, 3) ; **Tom Brakefield/Corbis/ Contrasto** (4).

Jon Arnold/Danita Delimont. com : p. 438

Yann Arthus-Bertrand/ Corbis/Contrasto : p. 12, 18, 33 à gauche, 54, 55, 56-57, 58-59, 60, 61, 62, 63, 64-65, 92, 94, 95, 114, 120-121, 126-127, 178, 179, 186, 187, 188-189, 190, 191, 234, 236-237, 238-239, 309 à gauche, 315, 316-317, 326, 328, 329, 330-331, 332-333, 334, 344, 345, 346, 347, 348, 349, 351, 365, 366, 367, 369, 370, 371, 372-373, 380, 381, 383, 384, 385, 388, 389, 426, 427, 428, 429, 430, 431, 464-465, 466, 467, 468, 469, 470, 471, 472, 475, 476-477, 484, 485, 486, 487, 489, 490, 491, 492, 494, 495, 496, 498-499, 501, 502, 503, 504-505, 506-507, 510, 512-513, 514, 515, 516-517, 518, 519, 530, 532, 533, 536, 542, 543, 554-555, 556, 557, 558, 559, 560, 562-563, 564-565, 567 à gauche, 572-573, 574, 575, 576, 577, 579, 580, 581, 582-583, 584, 622-623, 630

Art Wolfe : p. 247

Antonio Attini/Archives White Star : p. 23, 66-67, 68, 69, 70, 71, 72-73, 76-77, 78, 79, 80, 81, 84, 85, 87 à gauche, 154, 155, 156-157, 158, 159, 160, 161, 162-163, 180, 181, 182-183, 184 à gauche et à droite, 185, 284, 285, 286, 287 à gauche et à droite, 294, 295, 296-297, 298-299, 300, 302, 303, 304, 305, 306-307, 309 à droite, 354 à gauche et à droite, 355, 356, 357, 360, 361, 362, 363, 396, 397, 398, 399, 400, 401, 402, 403, 404, 405, 408, 409, 411, 544-545, 546 à gauche et à droite, 547, 548-549, 550, 551

Gianni e Tiziana Baldizzone/Archives White Star : p. 6-7, 34, 40, 41

Daryl e Sharna Balfour : p. 24-25, 26-27, 176-177, 258, 259, 261

Bruno Barbey/Magnum Photos/Contrasto : p. 324, 325, 382, 386-387

Marcello Bertinetti/Archives White Star : p. 4-5, 8-9, 11, 16-17, 44-45, 46, 47, 48, 49, 50, 51, 52, 53, 88, 96-97, 98, 99, 100, 101, 102-103, 104, 105, 106, 107, 130, 131, 132, 133, 134, 135, 136, 137, 138-139, 140-141, 142, 143 à gauche et à droite, 144-145, 146, 147, 149, 150-151, 152, 153 à gauche et à droite, 193 à gauche et à droite, 198, 199, 200-201, 204, 205, 206, 207, 209, 210, 211, 216, 218, 219, 220-221, 222-223, 241 à gauche et à droite, 262, 263, 264, 265, 266, 267, 268, 269, 270, 271, 272-273, 274, 275, 276, 277, 278, 279, 280, 281, 282, 283, 336, 337, 375 à gauche et à droite, 376, 390, 391, 392, 393, 394, 395, 412-413, 414-415, 416, 417, 418, 419, 420, 421, 422-423, 424-425, 444, 445, 446-447, 448, 449, 450-451, 453, 454, 455, 456-457, 460, 478, 479, 480, 481, 482-483, 524, 525 à gauche et à droite, 538, 539, 540-541, 567 à droite, 568, 594-595, 596, 597, 598 à gauche et à droite, 599, 600 à gauche

Crédits photographiques

et à droite, 601, 602, 603, 604 à gauche et à droite, 605, 606, 607, 608, 609, 610, 611, 612, 613, 614, 615, 616-617, 618, 619, 620-21, 624, 625, 640

Jonathan Blair/Corbis/ Contrasto : p. 115

Steve Bloom/Alamy Images : p. 13, 250, 253, 254, 290-291

Alberto Biscaro/Sime/Sie : p. 442, 443

Tom Brakefield/Corbis/ Contrasto : p. 242, 251

Christophe Courteau : p. 164-165, 166-167, 170-171

Chinch Gryniewicz ; Ecoscene/Corbis/ Contrasto : p. 228-229

Roger De La Harpe ; Gallo Images/Corbis/ Contrasto : p. 359

C. & M. Denis-Huot : p. 256-257

Digital image © 1996 CORBIS ; Original image courtesy of NASA/Corbis/ Contrasto : p. 38

Thomas Dressler/Ardea : p. 33 à droite

Ferrero-Labot/Auscape : p. 252

Kevin Fleming/Corbis/ Contrasto : p. 531

Marc Garanger/Corbis/ Contrasto : p. 521

Gianni Giansanti : p. 110, 111, 112, 113, 528-529

Robert B. Haas : p. 2-3, 14-15, 28-29, 30-31, 75, 82, 168-169, 172-173, 174, 175, 288-289, 293, 318, 319, 407, 508, 552-553

Martin Harvey/Corbis/ Contrasto : p. 433

Martin Harvey/Nhpa : p. 235

Peter Johnson/Corbis/ Contrasto : p. 230-231, 232-233

Diego Lezama Orezzoli/ Corbis/Contrasto : p. 322

Marcello Libra/Archives White Star : p. 10, 87 à droite, 116 à gauche et à droite, 118-119, 122, 123, 124, 125, 248-249, 310, 459 à gauche et à droite, 534, 535 à gauche, au centre et à droite

T. Mosconi/Panda Photo : p. 327, 587, 588-589, 590, 591, 592-593

Kazuyoshi Nomachi/PPS : p. 117, 128, 129

Thierry Orban/Corbis Sygma/ Contrasto : p. 202-203

Vincenzo Paolillo : p. 434, 435

Caroline Penn/Corbis/ Contrasto : p. 629

Massimo Pignatelli/Sime/ Sie : p. 194

Puku/Sime/Sie : p. 439

Carmen Redondo/Corbis/ Contrasto : p. 628

R. Segato/Panda Photo : p. 352

Doug Scott/Agefotostock/ Contrasto : p. 440-441

Doug Scott/Agefotostock/ Marka : p. 432

Gerge Steinmetz/ Contrasto : p. 42, 43

Torleif Svensson/Corbis/ Contrasto : p. 224

S. Vannini/Panda Photo : p. 212-213, 526, 527

Adrian Warren/ Lastrefuge.co.uk : p. 39, 215, 217, 226, 227, 320-321, 335, 338, 339, 340, 341, 342, 343, 522, 523

Nik Wheeler/Corbis/ Contrasto : p. 436, 437

Nevada Wier/Corbis/ Contrasto : p. 109

Douglas Williams/ Agefotostock/Marka : p. 323

Michael S. Yamashita/ Corbis/Contrasto : p. 626-627

Copertina : Marcello Bertinetti/ Archives White Star

Retrocopertina : Alamy Images

640

Une barque de pêcheur repose entre les miroirs étincelants des flaques laissées par la marée basse sur une plage la côte orientale de Zanzibar, dans l'océan Indien, au large de la Tanzanie.